IT-Freelancer-Spitzen

Thomas Matzner ist Diplom-Informatiker und seit 1992
selbständig. Sein Hauptarbeitsgebiet ist die Konzeption
von Informationssystemen. Er arbeitet in der Rolle des
Requirements Engineers, Product Owners, Business Pro-
cess Managers und Business Analysts.

Thomas Matzner

IT-Freelancer-Spitzen

Thomas Matzner

tam@tamatzner.de

Bibliografische Information der Deutschen Nationalbibliothek:

Die Deutsche Nationalbibliothek verzeichnet diese Publikation in der Deutschen Nationalbibliografie; detaillierte bibliografische Daten sind im Internet über http://dnb.dnb.de abrufbar.

1. Auflage 2020

Herstellung und Verlag: BoD – Books on Demand, Norderstedt

ISBN: 978-3-7504-3032-7

Vorwort

Von Herbst 2004 bis Herbst 2010 hatte ich das Privileg, alle zwei Monate eine Glosse über Themen für IT-Freelancer schreiben zu dürfen. Auftraggeber war das IT Freelancer Magazin, das, wie so manche Formate für diese Zielgruppe, wegen deren sinkendem Interesse eingestellt werden musste und nunmehr in Online-Form unter anderer Leitung weiterlebt. Ich hatte keine inhaltlichen oder stilistischen Vorgaben; lediglich der Umfang war auf eine knappe Druckseite je Folge begrenzt. Dieser Zwang zur Pointierung hat mir viel Freude gemacht; es war für mich manches Mal erstaunlich, wie viel ich aus einem ursprünglichen Entwurf ohne Verlust an der Botschaft noch herauskürzen konnte.

Viele der damals getroffenen Aussagen sind auch jetzt noch gültig, andere nicht mehr. Sie zeigen uns Trends auf, nicht immer erfreuliche im Sinn der IT-Freelancer, aber auch ihrer Auftraggeber. So ist etwa die Geschäftsabwicklung der Zwischenhändler – in den Ursprungskolumnen sprach ich oft noch von Software- oder Beratungshäusern – immer oberflächlicher geworden.

Um dem Leser eine Einordnung der inzwischen historischen Glossen zu ermöglichen, habe ich ihnen eine Darstellung der derzeitigen Situation auf dem Markt für IT-Freelancer vorangestellt. Diese habe ich vor wenigen Jahren, damals noch als Sprecher des Beirats für Selbständige der Gesellschaft für Informatik e.V., auf Anregung von deren Geschäftsführung geschrieben. Sie wurde jedoch in deren Vereinsorgan nicht abgedruckt, wohl weil sie dem Chefredakteur nicht in das ansonsten recht akademische Format hineinpasste. Sie wird also hier zum ersten Mal publiziert.

Die darauf folgenden Glossen habe ich an wenigen Stellen aktualisiert bzw. Hinweise auf damals aktuelle Anlässe explizit gemacht. Kommentare aus der Gegenwart sind, so wie dieses Vorwort, in Kursivschrift gesetzt, um sie von den Originaltexten abzuheben.

Je kürzer ein Text, umso schwieriger ist er in verständliche und vor allem unmissverständliche Form zu bringen. Alle diese Texte wurden von Ruth

Stubenvoll kritischen Reviews unterzogen, woraus eine Vielzahl von Verbes-
serungen entstanden. Dafür danke ich ihr herzlich.

München, im Sommer 2019

Thomas Matzner

tam@tamatzner.de

Inhalt

IT-Freelancer – Unternehmer oder prekäre Zeitarbeiter?

Der Markt für IT-Freelancer spaltet sich in zwei Teile: einen für echtes Unternehmertum und einen stetig wachsenden, in dem vornehmlich schnell verfügbare, billige Arbeitskräfte gesucht werden. Das schadet den Freelancern ebenso wie ihren Auftraggebern, da die eigentlichen Entscheider in dem Geschäftsmodell, die Einkäufer und die Zwischenhändler, weder das komplexe Problem des Auftraggebers noch das Leistungsangebot des Freelancers richtig erfassen können. Diese Entwicklung macht eine erneute Bewertung selbständiger Tätigkeiten in der IT in Richtung auf Scheinselbständigkeit erforderlich.

Die Wirtschaft in Deutschland hat im vorigen Jahrzehnt gebrummt, die Arbeitslosigkeit ist niedrig, stattdessen wird Fachkräftemangel proklamiert. Der Informatik wird heute hohe und für die Zukunft noch steigende Bedeutung an dieser Situation zugeschrieben. Das sollte für alle, die dazu etwas beizutragen haben, Grund zum Jubel sein.

Dennoch gibt es auf dem Markt für IT-Freelancer – darunter verstehen wir in [2] diejenigen Selbständigen, die ihre Leistung persönlich erbringen und nicht etwa Inhaber einer Kapitalgesellschaft mit Beschäftigten sind – eine Entwicklung, die zur Sorge oder zumindest zu kritischer Beobachtung Anlass gibt. Der Markt für IT-Freelancer hat sich in zwei Teile geteilt: in einen für echte Selbständige und in einen Zeitarbeitsmarkt, der die Unsicherheit des selbständigen Daseins bereithält, ohne die Chancen des Unternehmertums zu bieten.

Solides Unternehmertum...

Beginnen wir mit dem ersten, quantitativ kleineren Teil. (Es gibt keine Meldepflicht und keine flächendeckenden Statistiken über IT-Freelancer, deshalb sind für alle quantitativen Angaben nur Schätzungen möglich.) Hier handelt es sich um Freelancer, die alle Aufgaben eines Unternehmers wahrnehmen wollen, können – und dürfen. Dazu gehören

- die Definition eines attraktiven, an den Bedürfnissen der Abnehmer ausgerichteten Dienstleistungsprodukts, das den Unternehmer vor anderen sichtbar heraushebt,

- die Kommunikation dieses Produkts durch eine klare und ansprechende Produktdarstellung, die Ansprache und Kontaktpflege mit potentiellen Auftraggebern – kurz der Vertrieb,

- die Erbringung der Leistung

- und natürlich das, was Außenstehende manchmal als die Essenz der selbständigen Tätigkeit wahrnehmen, obwohl es zum Erfolg viel weniger beiträgt als die ersten drei Punkte: die Befolgung einiger Spezifika des Steuer- und Sozialversicherungsrechts.

Wie gesagt, ein Teil der IT-Freelancer füllt diese Aufgaben vollumfänglich aus und nimmt damit an dem Spiel um Chancen und Risiken des Unternehmers ohne Wenn und Aber teil. Wenn sich der Rest dieses Artikels mit dem anderen Teil der Freelancer befasst, darf das nicht als Generalisierung für alle, Auftraggeber wie Auftragnehmer, aufgefasst werden.

... vs. Zwischenhändlermodell

Gerade weil die IT so allgegenwärtig ist, wird für sie viel Personal benötigt. Die Zahl der IT-Freelancer in Deutschland wird auf 50.000 bis 100.000 geschätzt. Genauer geht es schon deshalb nicht, weil die Abgrenzung etwa zu Ingenieuren mit IT-Schwerpunkt oder zu Webdesignern, zu Arbeitnehmern, die zusätzlich oder zeitweise selbständig arbeiten, fließend ist. Fast alle davon werden von Unternehmen beauftragt, davon wieder die meisten von Großunternehmen.

Wegen ihrer Vielzahl stellen nun die IT-Freelancer für große Unternehmen einen bedeutsamen Kostenfaktor dar. Dadurch sind sie ins Visier der Einkaufsabteilungen dieser Unternehmen geraten, was an sich nichts Verderbliches ist. Alle Lieferanten wichtiger Güter bekommen es mit den Einkäufern zu tun. Für die IT-Freelancer haben sich hieraus jedoch Strukturen entwickelt, bei denen die Risiken des Unternehmerdaseins weiterhin bestehen, die Chancen jedoch eingeebnet werden.

Zwischen den Einkäufern und den Freelancern hat sich nämlich eine Branche etabliert, die sich selbst meist als "Recruiter" bezeichnet und die dem Endkunden verspricht, seinen Bedarf an Freelancern zu decken. Einkäufer sind stets darauf bedacht, die Anzahl der Lieferanten zu reduzieren; dies begrenzt den Aufwand der Einkäufer selbst, also das Beobachten des Marktes, das Verhandeln von Verträgen, das Bewerten der Lieferanten, es erhöht auch das vom einzelnen Lieferanten eingekaufte Volumen und dient dadurch als Hebel für Preissenkungen.

Personalberatungen, neudeutsch Recruiter, gibt es schon seit langem. Geht es um Festangestellte, agieren sie als Vermittler: Sie suchen Bewerber, wirken beim Bewerbungsprozess mit, etwa durch das Sichten von Bewerbungsunterlagen und das Führen von Interviews, und im Fall eines Vertragsabschlusses erhalten sie eine Provision, die sich in derRegel an der Bedeutung und Dotierung der Position misst. Den Arbeitsvertrag schließt natürlich der Arbeitgeber direkt mit der Arbeitskraft ab.

Wer Freelancer im großen Stil vermarktet, agiert ganz anders. Aus Gründen, die in Kürze klar werden, nennen wir ihn in [2] nicht Recruiter, sondern Zwischenhändler. Sie nutzen eigene oder fremde Datenbanken, in denen sehr viele – einer der Großen nennt etwa mehr als 70.000 – IT-Freelancer registriert sind, zur Recherche nach passenden Freelancern. Eine solche Suche setzt natürlich Stichwörter voraus, die der Kunde zuvor geliefert hat, etwa gewünschte Technologiekenntnisse, Branchen- und Produkterfahrung. Die passend erscheinenden Resultate aus der Datenbank werden in Form eines "Profils" gebracht und dem Einkäufer des Kunden zugesandt. Dieser hat oft mehrere Lieferanten angefragt, bekommt also eine Handvoll Profile, unter denen er mit oder ohne Mitwirkung des eigentlichen Auftraggebers auswählt.

Dieses Geschäftsmodell sieht bei erster Betrachtung ganz vernünftig aus; entscheidend ist, was dabei nicht stattfindet.

Hauptinteresse des Auftraggebers ist die rasche und zuverlässige Lösung eines Problems, natürlich auf wirtschaftliche Art uns Weise. Er denkt jedoch nicht primär in Honorarsätzen, sondern hat innerhalb eines Budgetrahmens möglichst viele gute Leistungen zu erbringen. Für einen Freelancer, der

3

durch besondere Qualifikation und Erfahrungen in der Lage ist, eine Aufgabe rascher als geplant zu erledigen oder Aufwände an anderer Stelle zu vermeiden, wäre der Auftraggeber aufgeschlossen.

Das nützt ihm aber während der Personalauswahl nichts, denn zwischen ihm und dem Freelancer stehen sein Einkäufer und die von diesem ausgewählten Zwischenhändler, beide keine IT-Experten. Ihr Erfolg misst sich in anderen Kategorien.

Der Einkauf steckt hinsichtlich seiner Mission in einem Dilemma, das in [1] plastisch beschrieben wird. Den Auftraggeber dürfte freuen, was dort auf S. 31 gesagt wird: "Beschaffungsentscheidungen werden auf dem Prinzip des besten Gegenwertes für das eigene Unternehmen getroffen." Der Einkäufer und seine Gehilfen agiert jedoch nach der Devise von S. 16: "Der Wertbeitrag des Einkaufes entsteht durch Kosteneinsparungen oder -verhinderungen." Wer will es den Einkäufern nun verdenken, wenn sie den besten Gegenwert aus den Augen verlieren, wenn irgendwo eine Kosteneinsparung winkt? Der „beste Gegenwert" freut den Auftraggeber im IT-Projekt, dem Einkäufer hingegen wird die Einsparung beim Honorarsatz als Erfolg angerechnet, und darauf konzentriert er sich.

Qualität? Schlagzahl erhöhen!

Als Folge davon verläuft auch beim Zwischenhändler der Auswahlprozess für Freelancer kaum nach dem Prinzip "bester Gegenwert". Für klassische Personalarbeit, also die umfassende Einschätzung einer Person und ihrer Leistungsfähigkeit, fehlt die Zeit. Stattdessen werden sowohl der Bedarf des Auftraggebers wie auch die Fähigkeiten des Freelancers auf eine Reihe von Stichworten, auf "Skills", reduziert. Nun kann man die Anforderungen aus der Projektausschreibung gegen eine Datenbank laufen lassen und alle Freelancer mit passenden "Skills" und günstigem Preis selektieren. Diese rasche und flüchtige Auswahl wird durch den Kostendruck beim Zwischenhändler notwendig. Entgegen einem bei Freelancern verbreiteten Vorurteil haben nämlich auch die Zwischenhändler keine traumhaften Margen mehr. Auch ihre Marge wurde von den Einkäufern als Objekt der Kosteneinsparung entdeckt. Das wiederum fördert einen Trend zu großen Zwischenhändlern, die ihre Tätigkeit taylorisieren: Vertriebler ermitteln den Bedarf beim

Kunden, Recruiter – besser gesagt Researcher, denn Personalarbeit leisten sie kaum – suchen passende Profile und klären rasch die wichtigsten Daten, nämlich Preis und baldige Verfügbarkeit, mit dem Freelancer ab.

Nach außen hin erheben die Zwischenhändler natürlich den Anspruch, mit höchstem Einsatz genau die richtige, auf das Kundenproblem passende Person auf die Stelle zu bringen. Im Hintergrundgespräch hört man, und zwar aus den unterschiedlichsten Zwischenhändler-Unternehmen, hingegen oft ein und denselben Slogan: "Schlagzahl erhöhen!" Vertriebler werden an der Anzahl besetzter Positionen gemessen, Researcher an der Anzahl Telefonate, beide an der erzielten Marge.Da der Verkaufspreis an den Endkunden schon längst vom Einauf festgelegt wurde, ist die Marge nur durch Drücken des Einkaufspreises, also des Freelancer-Honorars zu steigern. Die variablen Gehaltsbestandteile des Personals der Zwischenhändler hängen von solchen, einfach messbaren, Größen ab, nicht von der perfekten Passform der weiterverkauften Freelancer. Dazu passt gut, dass mancherorts der Einkauf seinen Zwischenhändlern sogar verbietet, direkt mit den Auftraggebern zu sprechen. Wer also genauer als in der dürren "Skill"-Liste wissen will, wie die Anforderungen aussehen, verhält sich regelwidrig. Wir können nur vermuten, dass der Einkauf damit verhindern will, bei Absprachen über die zu beauftragende Person übergangen zu werden.

Zusammenfassend ist dieser Akquisitionsprozess in folgender Abbildung dargestellt. Eine detaillierte Untersuchung des Zwischenhändlermodells gibt [2].

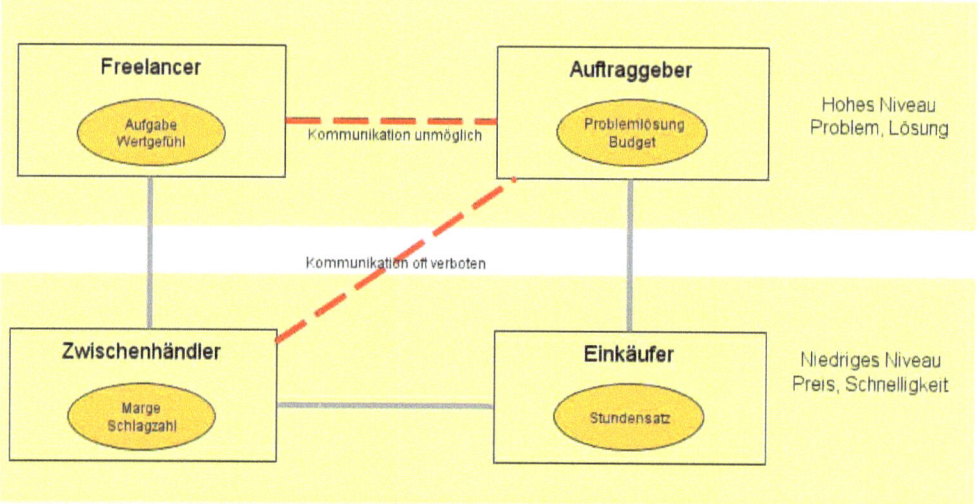

Was macht nun diese Form des Marktes für Freelancer zu einem prekären Markt, bei dem die Chancen des Unternehmers unter die Räder kommen, die Risiken jedoch verschärft weiter bestehen? Egal wie gut das Leistungsangebot des Freelancers zusammengestellt und präsentiert ist – Zwischenhändler und Einkäufer ebnen das ein. Sie beide haben nicht und kennen kaum das Problem, das den IT-Auftraggeber tatsächlich drückt. Sie haben keine Zeit, Bedarf und Angebot in der Tiefe zu erkennen und abzugleichen. Da sie dies alles nie üben, sammeln sie auch nach langer Zeit nicht die dafür nötige Erfahrung an. Sieht man sich etwa die Lebensläufe der Recruiter bei großen Zwischenhändlern bei Xing an, so findet man zwar viele gut ausgebildete Leute – aber fast alle haben ausschließlich als Researcher im IT-Zwischenhandel gearbeitet. Sie haben also nie Erfahrungen in Personalarbeit, etwa der Einschätzung einer Persönlichkeit und ihrer Potentiale, machen können. Sie haben noch nie ein IT-Projekt von innen gesehen und wissen daher nicht, was neben „Skills" noch erfolgsentscheidend werden könnte.

Wo besondere Fähigkeiten keine Rolle spielen, gewinnt der niedrigste Preis. Umfragen unter IT-Freelancern auf einer Mailingliste der GI (offen nicht nur für GI-Mitglieder) haben ergeben, dass sich die Honorarsätze in

den letzten 15 Jahren keineswegs mit dem Verbraucherpreisindex (ent-
nommen aus [3], umgerechnet auf 2014 = 100% vom Autor) mitentwickelt
haben.

	2000	2006	2014
Inflation (2014 = 100%)	80%	88%	100%
Honorarsatz (2014 = 100%)	94%	94%	100%
Anteil auftragsloser Zeit	1,7%	3,7%	7,2%
Einkünfte bereinigt um auftragslose Zeit	92%	90%	93%

Gleichzeitig haben sich die Projektlaufzeiten verkürzt und die Akquisitions-
zeiten zwischen produktiven Projekteinsätzen deutlich verlängert. Daraus
ergibt sich, dass ein Freelancer heute etwa sieben Prozent seiner möglichen
Arbeitszeit nicht produktiv tätig sein kann. Das hört sich nach angenehmen
Zeiten der Ruhe an, jedoch ist Akquisitionszeit zwischen den Projekten das
Gegenteil von Urlaub: Ausschreibungen sind zu sichten, Angebote zu formu-
lieren, auf Interviews zu warten und Akquisitionsreisen quer durchs Land auf
eigene Kosten zu unternehmen, nur um im Extremfall vor Ort zu erfahren,
dass sich der Kunde schon anders entschieden hat.

Sieht man sich als Fazit die um diese auftragslosen Zeiten verringerten Ein-
künfte an, erkennt man, dass sich sich in den vergangenen 15 Jahren fast
nicht verändert haben, was einen Kaufkraftverlust von etwa einem Viertel
bedeutet.

Die genannten Zahlen geben die Verhältnisse in Jahren guter Konjunktur
wieder. Wie sich der Markt entwickeln wird, wenn wir wieder einmal eine
Rezession erleben, in der IT-Budgets gekürzt werden und ein realer Grund
zum Feilschen um Kostensenkungen besteht, können wir uns ausmalen.

Scheinselbständigkeits-Gesetze: Teil des Problems, nicht der Lösung

Wenn auch die geschilderten Verhältnisse noch weit von der Ausbeutung
von selbständigen Paketfahrern entfernt sind, könnte man zu dem Schluss
kommen, die bestehenden Regelungen unter dem – unpräzisen, aber gän-
gigen – Titel der Scheinselbständigkeit müssten nur richtig angewandt wer-

den, um Missstände wie die genannten einzudämmen. Diese Hoffnung trügt leider. Die einschlägigen Gesetze wurden zwar mehrmals umgearbeitet, stecken aber nach wie vor voll von Webfehlern:

- Der Auftraggeber wird mit erheblichen Nachzahlungen bedroht, und zwar unabhängig davon, ob er sich dem beauftragten Unternehmer gegenüber fair verhalten hat. Ziel ist es, Geld in die Sozialkassen zu bekommen. Auftraggeber, die anständige Bedingungen bieten, werden durch entsprechend höhere Nachzahlungen bedroht als solche, die knausern.

- Die Kriterien für scheinselbständige Arbeit sind an Schwammigkeit kaum zu übertreffen und ignorieren die Gegebenheiten des modernen Wirtschaftens. Im Zeitalter unternehmensübergreifender Prozesse ist jeder Akteur irgendwie in einen Betriebsablauf eingebunden. Der Selbständige, der wie weiland Hans Sachs allein in seiner Werkstatt hämmert, ist längst nicht mehr der Maßstab.

- Die Zwischenhändlerbranche entstand zeitlich und ursächlich im Zusammenhang mit der Scheinselbständigs-Gesetzgebung. Großunternehmen gehen wegen solcher Themen nicht gerne ein Risiko ein. Wer am risikolosen Einkaufen und Weiterverkaufen hübsch verdient, nimmt es eher in Kauf, einen Rechtsanwalt zu beauftragen, der das eigene Geschäftsmodell gegen Zugriff der Behörden wasserfest macht.

- Die Schwammigkeit hat auch ihr Gutes: Es ist immerhin noch Geschäft möglich. Würden Endkunden und Zwischenhändler nach der ganzen (möglichen) Strenge des Gesetzes behandelt, würde der Markt schlicht zusammenbrechen. Davon hätte niemand etwas, schon gar nicht die Rentenkasse.

Wenn man das Problem also durch Regulierung lösen will, müssten neue, sachgerechte Lösungen entwickelt werden.

Ursache dieser sachfremden und auch für die jeweilige Regierung nicht nutzbringenden Regelungen ist die Nähe der SPD, von deren Ministern sie jeweils durchgesetzt wurden, zu den Gewerkschaften. Diese mögen keine

Selbständigen, da sie mit jeder neuen selbstbestimmten Arbeitsform ihren eigenen Einfluss schwinden sehen. So hat etwa Minister Riester, zuvor Gewerkschaftsführer, innerhalb weniger Wochen nach der Wende im Herbst 1998 seinen undurchdachten und schwammigen Entwurf zum Gesetz gemacht, an dessen Konstruktionsmängeln bis heute alle Beteiligten leiden. Vorwand ist und war stets, den Bedürftigen und Ausgebeuteten beizustehen, wogegen kaum etwas einzuwenden wäre. Jedoch sind die Gesetze stets so formuliert, dass es auf die Bedürftigkeit gar nicht ankommt.

Auf Seite der Endkunden wird diese Gefahr viel bedrohlicher wahrgenommen als sie tatsächlich ist. In meiner gesamten Zeit im GI-Beirat war ich u.a. Ansprechpartner für Freelancer für dieses Thema. Nicht ein einziges Mal habe ich von einem Fall gehört, in dem ein IT-Freelancer rechtskräftig in den Status eines Arbeitnehmers überführt worden wäre. Unsere Auftraggeber gehen auf anderen Gebieten wesentlich höhere Risiken ein als durch Beauftragung von Selbständigen. Aber Juristen sind vorsichtige Leute. Wenn irgend wo ein für sie unkalkulierbares Risiko erkennbar ist, raten sie stereotyp ab, anstatt das Risiko zu beziffern und mit anderen vergleichbar zu machen.

Paradoxerweise hat die Gesetzgebung zur Scheinselbständigkeit damit das Gespenst erst groß gemacht, das sie zu bekämpfen vorgibt. Der Zwischenhändlermarkt hat mit echtem Unternehmertum kaum mehr etwas zu tun; er ist ein Arbeitsmarkt light, bei dem man rasch den billigsten Anbieter sucht und ebenso rasch wieder freisetzt, ohne das Auslastungsrisiko zu kompensieren. Auch davon, dass die solcherart Behandelten jubelnd in die Arme der Gewerkschaft laufen, habe ich noch nie gehört.

Hoffnungsträger ist ebenso die wirtschaftliche Vernunft, und zwar auf der Seite des eigentlichen Auftraggebers. Dieser ist durch das geschilderte Handeln auf niedrigem Niveau ähnlich geschädigt wie der Freelancer. Er bekommt oberflächlich und gleichgültig ausgewählte Kräfte. Natürlich sind die meist keine kompletten Fehlbesetzungen, immerhin stimmen ja die "Skills". Wer aber den Unterschied zwischen – stets bezogen auf eine konkrete Aufgabe – den ideal passenden Kräften und den nur nach Stichworten passenden einmal erlebt hat, kann erahnen, wieviel den eigentlichen Auf-

9

traggebern vorenthalten wird. Moden und Hypes in den Unternehmen kommen und gehen. Das derzeitige Modell bedient einseitig die Interessen des Einkaufs, weniger die der Fachabteilung. Das muss nicht so bleiben, und gerade wenn die IT eine zunehmend strategische Rolle spielt, könnte auch die Bedeutung der IT-Bereiche in der Hackordnung steigen.

Literatur

[1] Büsch, M.: Praxishandbuch Strategischer Einkauf. Wiesbaden: Gabler 2008

[2] Matzner, T., Stubenvoll, R.: IT-Freelancer. Heidelberg: dpunkt.verlag 2013

[3] Statistisches Bundesamt: Preise – Verbraucherpreisindizes für Deutschland – Lange Reihen ab 1948 – Januar 2015. Wiesbaden: Statistisches Bundesamt 2015. (Download über https://www.destatis.de)

Nach der Dotcom-Krise

Nach mehr als einem Jahr Pause gibt es im Herbst 2004 wieder eine Zeitschrift für IT-Freiberufler. Ist das schon ein Anlaß, aus der Winterstarre des Konjunkturlochs gekrochen zu kommen und sich umzusehen, wie es am Markt für IT-Dienstleister aussieht?

Es ist wie immer: die aktuellen Probleme erscheinen als die schwierigsten seit der Erfindung des Lochstreifens. Das muß auch so sein, denn die älteren Probleme sind ja gelöst oder man hat sich an sie gewöhnt. Und soll nicht das Lösen harter Aufgaben gut sein für Beweglichkeit und Fitness? Die Wirtschaftskrise als Trainingsphase?

Schon in der Qualifikationsrunde blieben diejenigen selbsternannten Beratungshäuser liegen, die das Abfragen einer Datenbank (select * from freiberufler where qualifikation = „sap") für „Verkaufen" oder gar „Beraten" hielten.

Lange Gesichter gab es bei manchen Freelancern, die sich auf solche Gefährten verlassen hatten, nach dem Motto: Freiberufler bin ich gerne – aber für meine Auslastung sollen bitte andere sorgen. Diese Erfahrung verbindet sie mit manchem Angestellten, der plötzlich merkte, daß auch sein Chef als Dank für jahrelange Loyalität keine Auslastung mehr sicherstellen konnte. Sich Verkaufen ist unser aller Los in der Zukunft, egal ob frei oder nicht.

Und dazu müssen wir wissen: Wo steht er denn nun, der Markt? Die Frage ist so naiv wie die, wie heute das Essen schmeckt. Kommt darauf an, wo man es probiert.

So mancher Konzern mit großem Namen, ehemals Gipfel der Solidität, hat sich als Kleinkrämer entpuppt, mit dem man am besten keine Geschäfte macht. Einseitige Änderung von Verträgen (raten Sie, zu wessen Gunsten) bis hin zum glatten Vertragsbruch – es gab wenig, was man in den letzten Monaten auf Selbständigen-Treffen nicht zu hören bekam.

Daneben gibt es auch Unternehmen, die nach wie vor wissen, daß sie auf Leistung und Qualität angewiesen sind, jetzt mehr denn je. Und die ihre

Ressourcen entsprechend behandeln – fordernd, aber fair und mit Respekt. Gelegenheit für freiberufliche Unternehmer, sich nicht passiv auswählen zu lassen, sondern ihre Auftraggeber nach ihren tatsächlichen Qualitäten auszuwählen.

Auch das Gespenst des Off-, Near- und Weiß-Gott-wohin-shoring geht nicht überall um. So mancher IT-Manager ahnt oder hat schon erlebt, daß er seine Kernprobleme nicht hinweghoren kann: Herausfinden, was der Anwender braucht, die Lösung nach allen Seiten abstimmen, die täglichen Widersprüche aushalten, bei Problemen eine Lösung erfinden und dem Anwender schmackhaft machen. Also all das, was mancher Entwickler als unproduktives Sitzen in Meetings betrachtet: das wird in der Zukunft unser Kerngeschäft.

Und das Positive daran: Dafür gibt es nach wie vor ordentliche Honorare.

Glückliches Jahr 2004 – die Zwischenhändler, deren Beitrag sich auf das Abfragen von Datenbanken beschränkt, sind inzwischen stärker denn je.

Dauerthema ScheiSe

Es gibt gute Nachrichten aus dem Standort Deutschland: zum Anfang des Jahres 2005 hat die Bundesregierung die soziale Absicherung der Selbst-ändigen mit derjenigen der Angestellten nahezu gleich gestaltet. Davon wissen Sie noch nichts? Deshalb sollen Sie ja diese Kolumne lesen. Also: Vor ein paar Jahren fiel der Regierung (oder der Gewerkschaft, in Perso-nalunion) auf, daß Selbständige schlechter abgesichert sind als abhängig Beschäftigte. Davor wollte sie die Selbständigen retten und erfand dazu den Begriff der ScheiSe – erinnern Sie sich noch? Nebenbei sollte auch noch die gesetzliche Sozialversicherung damit gerettet werden.

In revidierter Form liegt die ScheiSe noch wie eine alte Fliegerbombe im Keller und kann jederzeit losgehen, wenn übereifrige Bürokraten sie aus-graben. Aber bislang waren die meisten Selbständigen nicht zu retten, und die Sozialversicherung schon gar nicht.

Deshalb macht es die Regierung jetzt anders herum. Zusammenlegung von Arbeitslosen- und Sozialhilfe: nur hoffnungslose Nörgler bezeichnen dies als Absenkung der Sozialstandards für die Arbeitnehmer. Laßt uns den Standort nicht schlechtreden, denkt positiv! Den Selbständigen geht es künftig so gut wie den Festangestellten. Wenn sie längere Zeit nichts einnehmen, dürfen sie ihre Reserven aufbrauchen und bekommen dann Sozialhilfe, ganz wie Arbeitslose. Und wenn ihnen das nicht ausreicht, dürfen sie jeden Job annehmen, etwa Parkreinigen, ganz wie gesetzlich Versicherte. Und wenn sie ihre Situation verbessern wollen, dürfen sie das sogar selbst in die Hand nehmen und müssen nicht die Regeln einer Bundesagentur einhalten, die mehr durch Skandale als durch Erfolge auffällt.

Das ist doch ein Lichtstreif am Horizont! Danke, Herr Clement, freuen Sie sich mit uns, aber bitte nicht zu laut, sonst merken's die Kolleginnenundkollegen von der Gewerkschaft und erfinden eine neue ScheiSe.

Das hat Ministerin Nahles dann auch getan. Es ist nichts so schlecht, dass es nicht noch schlechter gemacht werden könnte.

Die Branche der Preisdrücker

Was zeichnet einen guten Verkäufer aus? Den Kunden von einem Produkt begeistern zu können. Um dabei glaubwürdig zu sein, muß er selbst begeistert sein.

Was zeichnet einen guten Einkäufer aus? Jedem Anbieter zu zeigen, daß er und sein Produkt gar nicht wirklich gebraucht werden, es sei denn, der Preis ließe sich noch kräftig senken. Um dabei glaubwürdig zu sein, ist Begeisterung eher hinderlich.

Es gibt wenige gute Verkäufer, was jeder bestätigen kann, der selbst schon einmal irgend etwas kaufen wollte. Es gibt gute Einkäufer, was jeder weiß, der schon einmal Akquisition versucht hat. Gute Ein- und Verkäufer in einer Person sind ungefähr so häufig wie Opernsänger in der Bundesliga.

Was das mit IT-Freiberuflern zu tun hat? Ich habe soeben das Dilemma der sogenannten Vermittler geschildert. Die allermeisten von ihnen sind nicht Vermittler, sondern Zwischenhändler, also gleichzeitig Ein- und Verkäufer. Und an ihrem Handeln erkennt man, welches der Talente sie wirklich haben.

Soweit die Theorie, nun eine selbsterlebte Geschichte. Vor einiger Zeit rief mich ein Zwischenhändler an und fragte nach meiner Verfügbarkeit für ein Großprojekt im schönen Rhein-Main-Gebiet. Die Aufgabe: Geschäftsprozesse zu erkennen und zu verbessern, Fachkonzepte modellbasiert zu erstellen, mit den Fachbereichen über strittige Anforderungen zu verhandeln und eine Systemarchitektur zu gestalten. Das alles bei einem schon seit zwei Jahren laufenden Projekt. Meine Frage, ob da jemand gesucht wird, der ein Projekt aus der Krise ziehen hilft, wurde freudig bejaht.

Dann (immerhin erst dann) die obligatorische Frage nach den Stundensätzen. Und es kam heraus: mehr als 60 Euro seien für diese Aufgabe beim Auftraggeber, einem bekannten Systemhaus, absolut nicht drin. Erstaunte Frage von mir, ob für diesen Preis die gewünschte Qualifikation denn zu erhalten sei. Ja, freilich doch, es gebe solche Leute, und wie gesagt, mehr Geld zahle der Kunde nicht.

Einige Wochen später wurde ich von einer Unternehmensberatung an das gleiche Systemhaus verkauft, für ein anderes Projekt, zu meinem Marktpreis, auf den die Unternehmensberatung noch ihren Aufschlag setzte. Das Systemhaus war also durchaus bereit, angemessene Konditionen zu akzeptieren. Zuvor mußten wir, die Unternehmensberatung und ich, uns allerdings verkaufen, also die Situation beim Kunden verstehen und ihm zeigen, welchen Gewinn er aus der Zusammenarbeit ziehen konnte.

Das Krisenprojekt in der Nachbarabteilung hatte derweil immer noch keinen, der es aus dem Graben zog. Einige Zeit später ging es mit Anteilnahme der Presse den Bach hinunter.

Ich will gewiß nicht behaupten, ich hätte es aus der Krise geholt. Aber wenn es an Verkäufer geraten wäre statt an Discounter, hätte es vielleicht eine Chance mehr gehabt.

Zufriedene Lemminge

Es ist das höchste Ziel des Spitzen-Verfassers, das Wesentliche an einer Epoche in Kürze auszudrücken, so daß jeder sofort erkennt: jawohl, so isses. Sie wissen, was ich meine. Sätze wie „Wir sind wieder wer".

Ich muß gestehen: Leider hat ein anderer, ungenannter Autor dies in der letzten Ausgabe dieses Magazins geschafft. Dort lasen wir auf Seite 20:

„Die tendenziell negative Entwicklung spiegelt sich auch in der Entwicklung der Honorare wider. Lediglich 16% der Freiberufler der Freelancer konnten sich in den vergangenen 12 Monaten über steigende Stundensätze freuen."

So isses: traurig. Aber, Moment mal, lesen wir noch einmal genau nach, vielleicht finden wir dann heraus, wie traurig es wirklich ist.

Etliche Freiberufler haben ihre Marktposition gestärkt. Nicht alle, nur eine Minderheit. Das mag, statistisch gesehen, „tendenziell negativ" sein. Vielleicht sind *im Durchschnitt* die Sätze wirklich gesunken. Die Frage ist nur, welchen Schluß der Durchschnitt jetzt zieht.

Der einfachste Schluß: Wenn meine Stundensätze gesunken sind, dann geht es mir ja nicht schlechter als den 84 Prozent. Also muß ich nicht groß nachdenken, ich entwickle mich ja entlang dem Index. *Das* wäre traurig, denn Marktwirtschaft bedeutet, sich einen Vorteil zu schaffen anstatt mitzulaufen.

Wie wäre es stattdessen mit der Frage: Warum gehöre ich nicht zu den 16 Prozent, die den Trend geschlagen haben? Was haben die richtig gemacht?

Stellen wir uns vor, in der Zeitung stünde, nur Ford und Opel hätten ihre Gewinne steigern können (die beiden zusammen haben ungefähr 16% des Marktes). Hätten wir mit dem Rest Mitleid, oder würden wir ihm empfehlen, seine Hausaufgaben zu machen?

Hausaufgaben: Feststellen, welche Bedürfnisse der Kunde auch in Zeiten niedriger Budgets hat. Nein, er braucht nicht einfach den billigsten

Dienstleister. Sein Problem muß nach wie vor gelöst werden, mit weniger Aufwand. Da spielt Vertrauen eine gesteigerte Rolle. Wenn der Auftraggeber nicht mehr jedes Problem mit Masse erschlagen kann, wird umso wichtiger, welche der wenigen verbleibenden Dienstleister es zuverlässig lösen können.

Jeder Freelancer kann erzählen, welche Ergebnisse er mit welchen Techniken erzielt hat. Wer aber weiß zusätzlich, welche Person sich beim nächsten Einsatz für ihn und keinen anderen stark machen würde, welche dafür sogar einen Konflikt mit ihren Einkäufern eingeht? Lassen Sie mich raten: Ziemlich genau 16 Prozent wissen das. Und sie kennen auch die Gründe. Lassen Sie mich nochmals raten: Außer technischer Kompetenz etwa Loyalität, konstruktiver Umgang mit Veränderungen, Lösungs- statt Problemorientierung.

Die restlichen 84 Prozent warten darauf, daß der Trend sich dreht und sie mitnimmt.

Skill-Listen sind doch so bequem

Unser Herausgeber wünscht sich: Schreib doch mal über Auswahlverfahren bei Kunden und Vermittlern. Alle tönen von dicken Anforderungen und Leistungsniveau. Zu oft aber entscheidet jemand, der von nichts eine Ahnung hat.

Meine erste Reaktion: Entscheider ganz ohne Ahnung gibt es sicherlich, nur habe ich sie noch nicht selbst erlebt. Wie also darüber schreiben? Allerdings: Karl May hat erfolgreich über Amerika geschrieben, ohne selbst dort gewesen zu sein, und der Redaktionsschluß naht. Also frisch gewagt.

Führungskräfte müssen ständig die Fähigkeiten von anderen einschätzen. Leider haben viele das nie gelernt. Daher lieben sie es, Produktwissen statt Fähigkeiten abzufragen. Erleichert wird dieser bequeme Weg durch den expliziten Wunsch fast aller Freelancer, nach ihrem Produktwissen ausgewählt zu werden. Bei der Auswahl des Freelancers des Jahres 2005 habe ich in Websites und Profilen endlose Produktlisten lesen dürfen. Wie ein Goldstäubchen mußte man hingegen Antworten auf die Kernfragen suchen: Was leiste ich? Wie helfe ich meinem Kunden?

Wer also phantasielos sucht, und wer phantasielos anbietet, geht nach der Devise: fünf Produkte – gut. Zwanzig Produkte – besser. Zwanzig Produkte in der passenden Version (Migration von 3.12 auf 4.05 bei Datenbeständen im Format von 2.41) – suuuper.

Damit so ein Unsinn in der Praxis läuft, braucht es allerdings nicht nur einen Ahnungslosen, sondern deren drei. Einen Endkunden, der seinen wirklichen Bedarf nicht kennt, einen Vermittler, der ihn nicht berät, und einen Freelancer, der sich ins Bockshorn jagen läßt. Gerade der Vermittler spielt hier eine Schlüsselrolle. Ein guter Software-Dienstleister steckt nicht einfach die Kundenanforderung ins Faxgerät, sondern ermittelt mit dem Endkunden: Wie ist die Projektsituation? Was ist die Aufgabe? Welche Skills sind schon im Projekt, welche fehlen? Was wird der Freelancer konkret tun?

Jetzt werden Sie fragen: Was soll denn der arme Freelancer machen, wenn sich Auftraggeber und Vermittler auf unsinnige Anforderungen geeinigt haben? Sich nicht von jeder per Mail kursierenden Ausschreibung kirre machen lassen, zum Beispiel. Was ein Vermittler ausschreibt, ist das eine – welcher den Projekteinsatz tatsächlich bekommt, ist etwas anderes. Im realen Projekt sind krasse Fehlbesetzungen die Ausnahme. Was bedeutet, daß nicht jeder, der da Unsinn ausgeschrieben hat, am Ende des Tages auch zum Zug kam.

Nochmals: gute Vermittler helfen den Kunden, ihre Personalanforderungen zu fokussieren. Oft genug helfen sie auch Freelancern, ihr Angebot zu fokussieren, weil diese das nicht selbst geleistet haben. Wir können mithelfen, indem wir unsere Kernleistung herausarbeiten. Dann brauchen wir die Ahnungslosen nicht und überlassen sie, wie bei Karl May, den Kojoten.

Das beschriebene oberflächliche Skill-Modell ist inzwischen Standard; die Nischen, in denen anders ausgewählt wird, werden immer enger.

Juristen hilflos im Dschungel der Informatik

Juristen und Informatiker haben einiges gemeinsam. Beide bilden die reale Welt auf ein formales Begriffssystem ab. Beide müssen dabei vorausdenken, um in ihrem formalen System auf jedes Ereignis die passende Reaktion parat zu haben. Beide bauen gern perfekte formale Systeme, die dann mit der realen Welt nicht mehr viel zu tun haben.

Es gibt auch Unterschiede. Wenn Informatiker von der realen Welt abgehoben haben, bekommen sie Gegenwind und müssen nachbessern. Wenn den Juristen dasselbe passiert ist, sei es in Gesetzgebung, Verwaltung oder Rechtsprechung, darf man sich zwar über sie beschweren, landet dabei jedoch unweigerlich wieder bei Juristen. Die wiederum verstehen ihre eigenen Kollegen besser als die unordentliche reale Welt.

Beispiele? Nehmen wir die Überwachung des Internet. Mit enormem Aufwand müssen deutsche Provider jeglichen Mailverkehr für die Behörden verfügbar halten. Als der verantwortliche Minister noch Terroristen verteidigte, wußte er deren Grundrechte kämpferisch zu schützen. Nun, da er für den Schutz unser aller Grundrechte verantwortlich ist, sieht er das gelassener. Wer nichts zu verbergen hat, freut sich bestimmt, bei der Terrorabwehr mithelfen zu dürfen.

Die richtigen Verbrecher hingegen, die zittern schon. Es sei denn, sie entschließen sich, zu einem ausländischen Mail-Provider zu wechseln oder ihre Mails zu verschlüsseln, beides ganz legal und in 15 Minuten machbar. Gegen sie ist alles rechtlich Mögliche getan worden – nur ist leider die Welt noch nicht erfunden, in der das auch greift.

Das ist ein Einzelfall, aus dem man keine voreiligen Schlüsse ziehen darf? Gut, noch ein Einzelfall.

Wir alle haben das Recht, Privatkopien von Software zu ziehen. Dem Hersteller ist es jedoch erlaubt, das zu verhindern, und strafbar ist es, dies zu zu umgehen. Wer sein gesetzliches Recht auf Privatkopie verwirklicht, wird also mit Strafe bedroht. Oder auch nicht, denn wie die Behörden die Straftat überhaupt entdecken sollen – es sei denn, der Delinquent gehe zum Kopieren aufs Polizeirevier – hat der Gesetzgeber nicht verraten. Ein Recht schaffen, dies durch ein Verbot unwirksam machen, das Verbot nicht durchsetzen können – so schafft man Vertrauen in den Rechtsstaat.

Was das alles mit Freiberuflern zu tun hat? Nun, zum einen schadet es auch Freiberuflern nicht, neben dem Blick aufs eigene Projekt einmal den über den Tellerrand zu tun. Außerdem wollte ich Sie abhärten für die Betrachtungen im nächsten Heft, in dem wir uns ansehen, was Juristen (und Möchtegern-Juristen) so alles in Freiberufler-Verträge schreiben.

Monster-Verträge für Alltagsgeschäfte

So beginnen Wirtschafts-Thriller: Stretch-Limousinen, Wolkenkratzer, wichtige Männer in feinem Tuch, 87. Etage, Palisander. Am entscheidenden Punkt der Verhandlung ziehen Spitzenanwälte ein dickes Vertragswerk aus der Tasche. Befriedigt nickt der CEO: Nachdem alles geregelt ist, können wir anfangen, Gentlemen. Schnitt. Junger Auftragnehmer steigt in Luxus-Cabrio und erklärt Luxus-Weibchen: Wir bauen den Staudamm. Clarissa, wir sind am Ziel unserer Träume.

Über die Autos und Gefährtinnen unserer Vermittler will ich nicht spekulieren, aber wenn es um ihre Vertragswerke geht, möchte man oft glauben, sie seien irgendwo in einer 87. Etage entstanden. Bei uns heißt das: in den Wolken, vor allem dieses Jahr.

Dabei hat Toll Collect uns gezeigt, wieviel sich mit dicken Verträgen in der Praxis... aber ich habe im letzten Heft versprochen, diesmal nicht schon wieder abzuschweifen.

Häufigstes Problem unserer Verträge: Das Vermischen von Dienst und Werk. Die meisten von uns erbringen Dienste. Schon ein genaues Festschreiben der Aufgabe ist praxisfremd. Wenn da Tätigkeit T in Projekt P festgeschrieben ist, der Kunde jedoch nach einiger Zeit einen dringenden Bedarf verspürt, mich für Tätigkeit U in Projekt Q einzusetzen – werde ich das unter Berufung auf den Vertrag ablehnen?

Noch überflüssiger sind Vorschriften über Verzug, Mängel und dergleichen. In aller Regel sind wir, was Termine und Qualität betrifft, von unserem Kunden ebenso abhängig wie er von uns. Wenn soeben in der Projektsitzung eine Terminverschiebung verkündet wurde – sollen dann alle beteiligten Freelancer diese Verschiebung dem Kunden schriftlich anzeigen und andernfalls auf ihr Geld verzichten? In vielen Verträgen steht es so.

Das heißt nicht, daß uns Termine, Kosten und Qualität unserer Ergebnisse schnuppe sein sollen. Davon hängt unser Image beim Kunden ab, inklusive Folgeaufträge. Nur sind diese Dinge kaum formalisierbar. Wenn ich

Freelancer-Verträge von 20 Seiten sehe, von denen 15 real nie angewendet werden können, dann frage ich mich, wer sich das alles ausgedacht und warum keiner gerufen hat: Hallo, aufwachen, bitte zurückkommen auf den Planeten Erde.

Das andere Extrem ist mir persönlich am liebsten: gar kein Vertrag. Jetzt werden manche zusammenzucken: der arme IT-Freelancer, das rechtlose Wesen? Stimmt nicht, denn in diesem Fall gilt das BGB, erlassen 1899, als sich der Gesetzgeber noch in der Nähe des Erdbodens aufhielt. Dort stehen viele faire und sinnvolle Regeln.

Nur eines ist mir zusätzlich wirklich wichtig: die Haftung auf ein vernünftiges Niveau zu begrenzen. Eine Klausel dafür sollte nun tatsächlich vom Rechtsanwalt entworfen werden, denn wenn sie zu restriktiv ist, gilt die ganze Haftungsbeschränkung nicht. Diese Klausel kann ich leicht in meinem Angebot unterbringen, das der Kunde kurz schriftlich annimmt. In der ersparten Zeit können wir beide, der Kunde und ich, ein paar Probleme der realen Welt lösen.

Am liebsten arbeite ich umsonst

Heute ist wieder einmal Blick über den Gartenzaun angesagt, diesmal auf das Gebiet der Schönen Künste. In Interviews mit berühmten Musikern liest man fast jedes Mal das Bekenntnis: Ich könnte gar nicht leben, ohne Musik zu machen. Ich brauche das wie die Luft zum Atmen.

Ab und zu, schon seltener, liest man etwas über die Honorare der Musiker. Wieso Honorare? Seit wann läßt man sich fürs Atmen bezahlen? In der Tat, fünfstellige Summen pro Abend können da ohne weiteres zusammenkommen.

Als ich in unserem letzten Heft viele kluge Gedanken zum Thema Honorare gelesen habe, schlich mir der Verdacht durch den Kopf: Hübsch gepredigt, aber tauben Ohren. Software-Entwicklung ist auch deshalb so billig zu bekommen, weil sich meist jemand findet, der von der Aufgabe so fasziniert ist, daß über Geld gar nicht geredet wird. Manche Experten empfehlen noch zusätzlich, auf Geld zu verzichten, wenn das Projekt Sie weiterbringt. Einen Rechtsanwalt bringt jeder neue Fall auch „weiter" – aber arbeitet er deshalb für Kleingeld?

Diskussionen über Softwarepatente sind manchmal von einem ähnlichen Geist getragen. Der Satz von Pythagoras ist nicht lizenzierungspflichtig. Also gehören auch Algorithmen der Öffentlichkeit. Wer sie erfindet, hat keinen Vergütungsanspruch. Wenn er Geld für Miete und Urlaub braucht – Pech gehabt. (Urlaub? Für jemanden, der das Softwareschreiben braucht wie Luft zum Atmen?) Hätte er etwas Solides gelernt, Buchbinder etwa. Denn es ist unbestritten, daß derjenige, der das Handbuch für die Software herstellt, dafür Geld verlangen darf.

Wissen ist umsonst. Ich gebe zu, früher auch einmal so gedacht zu haben. In der Schule war ich der Meinung, für Mathe-Nachhilfestunden nichts verlangen zu dürfen, da es unanständig ist, Geld für besondere Fähigkeiten zu kassieren. (Richtig geraten, das war um 1968.) Sonderbarerweise habe ich wenig Nachhilfe erteilt – meine Motivation scheint also nicht gerade groß gewesen zu sein. Würde ich heute noch Geld für Fähigkeiten ablehnen, müßte dieser Text im Münchner Obdachlosenheim entstehen.

Idealismus in Ehren, aber es war noch nie die Regel, daß ein Erfinder unbezahlt nach Hause geht. Seit es Erfinder gibt, haben sie zwei Möglichkeiten: Sie behalten ihre Erfindung für sich, versuchen daraus ein Produkt zu machen und Kapital zu schlagen. Dann sind sie Unternehmer. Oder sie arbeiten in der öffentlichen Forschung, wo ihre Ergebnisse allen zugute kommen und sie selbst dafür ein Gehalt einstreichen.

Ein mathematischer Satz ist also nur scheinbar kostenlos. Er ist ein Stück Infrastruktur, das der Staat dem Erfinder abkauft und uns allen zugänglich macht.

Also denken Sie bei Ihren nächsten Vertragsverhandlungen ruhig an Pythagoras. Der wurde von dem superreichen Mehrfach-Olympiasieger Milon von Kroton gefördert. Und das, obwohl den berühmten Satz vor ihm schon die Babylonier kannten.

Dies ist die einzige Glosse, zu der ich Kritik von einem Leser erhielt. Nicht etwa mein häufig in den Glossen vorkommender Appell, sich nicht bequem auf den Lorbeeren auszuruhen, sondern aktiv den unternehmerischen Vorsprung zu suchen, hat die Leser geärgert, sondern der kritische Absatz über die Kritiker von Softwarepatenten.

Programmieren ist doch ganz einfach

Als ich vor 14 Jahren in die Selbständigkeit ging, warnten mich manche: Paß auf, mit der Softwareentwicklung geht es bald zu Ende. Zwischenzeitlich konnte man das tatsächlich befürchten. Seit kurzem jedoch wage ich die Voraussage: es geht noch 14 Jahre gut weiter.

Woher diese plötzliche Zuversicht? Ich durfte einen Blick in die modernste Entwicklungstechnik werfen. J2EE, Persistenz-Framework, Lightweight-Container mit IoC und was die Technologieküche sonst noch hergibt. Ein paar Stunden Browsen in den diversen Support-Foren – es gibt genug Gründe, dort zu browsen – lassen mich entspannt in die Zukunft blicken.

Das Drama spielt sich typischerweise so ab: Manager erklärt Sam die neue Projektplanung. Da alle Datenzugriffe generiert werden, haben wir den Aufwand für die Zugriffsschicht auf Null gesetzt. Da man in fünf Zeilen einen Web-Controller schreiben kann, haben wir den Aufwand für die Web-Schicht halbiert. Fröhlich pfeifend, weil endlich Zeit für Fitness und Frauen bleibt, geht Sam an die Arbeit.

Tatsächlich, der erste Dialog (sorry, Use Case) ist nach 20 Zeilen fertig. Die erste Fehlermeldung hat 200 Zeilen. Die zweite auch. Die siebzigste auch noch. Zermürbt postet Sam eine Support-Anfrage und geht nach Hause, nachts um drei. Fitness-Studio geschlossen, Frau schläft schon.

Am nächsten Morgen liest Sam freudig gespannt die Antworten. Doch statt Mitgefühl nur Beschimpfungen: Read The Fucking Manual (es hat 800 Seiten). Wenn du noch nicht mal weißt, wann man bei Lazy Loading das Open Session In View Pattern einsetzt, das aber hochgefährlich ist, hüte Schafe, statt Software zu schreiben.

Verzweifelt im Wald joggend, trifft Sam einen Eremiten, der früher Hostanwendungen entwickelt hat. Der erklärt ihm: Die Probleme, mein Sohn, sind die gleichen geblieben, nur die Verpackung sieht heute hübscher aus. Viele User balgen sich um kleine Server, dazwischen liegen dünne

Strippen. Diesen Mangel verwaltest du mit deiner Software. Und immer noch kommt an 35 Stellen in deinem Code die Auftragsposition vor.

Sam will mehr Entwicklungszeit von seinem Manager. Der kürzt sie um weitere 20 Prozent, weil er gehört hat, daß man kaum mehr programmiert, sondern das meiste deklarativ in XML erledigt. Deklarativ klingt cool. Daß man dabei doppelt so viel schreibt und halb so gut unterstützt wird wie bei klassischer Programmierung, wird Sam als nächstes merken.

Fazit: 14 Jahre sind knapp geschätzt. Und, Leute, wißt ihr, warum wir Pair Programming machen sollen? Damit immer eine Schulter zum Ausheulen da ist.

Die Liebe zur Oberfläche

Um heute als Unternehmer, als Dienstleister zumal, Erfolg zu haben, reichen Produkte, Mitarbeiter und Kunden nicht aus. Auf jeder ordentlichen Website finde ich einen Folder „Unsere Philosophie". Da stehen dann Einsichten der Sorte: „Software ist für uns keine unpersönliche Folge von Nullen und Einsen. Hinter jedem System sehen wir die Menschen, für die wir arbeiten."

Wie denn überhaupt manche Broschüre oder Website auf lesbares Format zusammenschrumpfen würde, wenn ihre Texter alle Sätze gestrichen hätten, deren Gegenteil offensichtlicher Unsinn ist.

Vor wahrer Philosophie hingegen fühle ich mich klein. Sätze über das Wesen des Seienden lassen mich stundenlang rätseln. Umso mehr freue ich mich, manchmal etwas zu verstehen. Noch mehr, wenn es mir hilft, den alltäglichen Wahnsinn in unserem Business zu sortieren. Dazu gehören die Begriffe Substanz und Akzidenz. Substanz ist das, was eine Sache wesentlich ausmacht. Akzidenz sind die Äußerlichkeiten, die auch dazugehören.

Die Substanz etwa eines Koffers ist: etwas geschützt darin unterbringen und mit sich herumtragen zu können. Die Akzidenzen sind etwa die Farbe oder ein Logo, das den Preis hochschnellen lassen kann, ohne zur Substanz irgend etwas beizutragen.

Was hat das mit unserem alltäglichen Wahnsinn zu tun? Schauen wir uns einen klassischen Wiedergänger in Software-Broschüren an: „Da unsere Anwendung ihre Daten komplett in XML abspeichert, ist sie mit fremden Anwendungen integrierbar." Durch den philosophischen Sorter gezogen, heißt dieser Satz: „Über die Substanz fremder Daten, d.h. ihren genauen Bezug zur Welt, wissen wir nichts. Wir vereinheitlichen stattdessen ihre Akzidenz und hoffen, daß sich die Anwendungen dann schon verstehen." Warum nicht, in bestimmten Kreisen signalisiert ja auch das Koffer-Logo, daß sich die Inhaber verstehen.

Was ist die Substanz von Software-Dienstleistung? Wer das XML-Beispiel weiterdenkt, erkennt, daß hinter dergleichen Trendbegriffen wenig Substanz zu finden ist. Mein Vorschlag ist hingegen: „Herausfinden, was jemand braucht. Ermitteln und klar darstellen, was davon machbar ist und wie. Akzeptieren, daß es viele Beteiligte gibt, die alle zufrieden sein wollen. Vorbild sein auf dem Weg zur Lösung." Wie gesagt, ein Vorschlag. Bessere Ideen sind willkommen.

So, und jetzt nehmen Sie sich am besten Ihr Profil vor und sortieren den Inhalt nach Akzidenz und Substanz. Über die A-Spalte schreiben Sie: „All das bekommt der Kunde woanders (bald) billiger." Über die S-Spalte: „Deswegen werde ich geschätzt und (vielleicht sogar) geliebt." Wie lang sind die Spalten? Und welche davon soll wachsen?

Da geht der Trend hin – ganz bestimmt

Schon in meiner Schulzeit mochte ich Technik, also las ich die „hobby"-Heftchen. Sie waren voll von Visionen: Im Jahr 2000 würden wir mit pfeilschnellen Magnetbahnen direkt ins Haus fahren. Nach dem Mond würden wir den Mars besiedeln. Das alles fast umsonst, dank Atomstrom.

Der Fehler der Visionäre hat einen Namen: Extrapolation. Einfach glauben, daß es so weitergeht. Hätte ich damals mehr für Geschichte geschwärmt als für Technik, wäre mir vielleicht aufgegangen, daß die Welt so nicht funktionieren mag.

Irgendwann wurde es dann klar. Da gründet sich eine schnuckelige kleine Partei, und plötzlich ist es aus mit Magnetbahnen und Atomstrom. Oder dem amerikanischen Präsidenten fällt auf, daß das Porto für Flaggen zum Mond ganz schön happig ist, zumal man dort oben mit der schönsten Rakete niemanden einschüchtern kann.

Trotzdem wird weiterhin fleißig extrapoliert. Etwa bei den Propheten unserer Branche. Letztes Jahr haben 8 Prozent mehr Anwender SOA gemacht. Dann sagen wir doch einfach, daß es nächstes Jahr wieder 8 Prozent sein werden. Das nennt sich lineare Extrapolation, und die hat den Vorteil, mit jedem Taschenrechner durchführbar zu sein, getreu dem alten Managerspruch: Machen Sie mir's nicht zu kompliziert.

Den Analysten kann man glauben, oder man kann selber denken. Zum Beispiel daran, gegen welchen Prellbock ein Trend laufen kann.

Zwei Banken fusionieren und bauen natürlich tausende IT-Stellen ab. Wenn das so weitergeht, haben wir bald nur noch eine Bank mit einer kleinen IT-Abteilung. Prellbock: Nach Fusionen gibt es nicht weniger zu tun, sondern meist mehr. (Sorry Consulting-Kollegen, aber so ist es nun mal.) Also arbeiten am Schluß kaum weniger Leute – manche nur unter einem anderen Logo.

Oder: Wenn es mit dem Offshoring so weitergeht, wird hier bei uns bald keine Software mehr entwickelt. Prellbock: Codieren kann man zwar in Pontevedrino perfekt. Aber mit dem Anwender die neuen Produktschlüssel abstimmen? Und was, wenn die pontevedrinischen Entwickler auch auf den Geschmack für schicke Autos kommen und nicht ewig für Kleingeld arbeiten möchten?

Oder: Jeden Monat bekommt man mehr Softwareprodukte umsonst. Bald zahlt niemand mehr Geld für Software. Prellbock: Glauben Sie wirklich, daß jemand für lau sechs Monate lang zu einer Versicherung ins Großraumbüro dackelt, um dort Schnittstellen anzupassen?

Während ich das so schreibe, bekomme ich richtig Lust, selber Analyst zu werden. Angebote für gut erhaltene Kristallkugeln und stubenreine schwarze Katzen nehme ich gerne entgegen.

Service? Ach leckt mich

Eines haben die Leser dieser Kolumne dem Schreiber diesmal eindeutig voraus: Sie wissen, wie die WM 2006 ausgegangen ist. Ob wir schon in der Vorrunde... oder doch erst im Viertelfinale... oder gar... (man wird doch träumen dürfen).

Ein Detail ist mir schon bei dem Vor-WM-Rummel aufgefallen. Für die Dauer von vier Wochen dürfen die Geschäfte bis 22 Uhr öffnen, sogar am Samstag. Das ist – nein, kein Bruch des Tabus, bestenfalls ein leises Kratzen, denn nach Abschluß des Festes wird alles wieder werden wie früher.

Warum bricht also während der WM die große Freiheit aus? Blöde Frage, natürlich, um den Gästen aus aller Welt Dienstbereitschaft und Offenheit (buchstäblich) zu demonstrieren. Und da fange ich an, nachdenklich zu werden. Wären wir wirklich dienstbereit und offen, bräuchten wir doch das ganze Jahr über kein Ladenschlußgesetz.

Wir wollen aber nur so scheinen. Wie eine Familie, in der tagtäglich Zucht und Ordnung praktiziert werden. Wenn aber Besuch kommt, werden alle ganz locker, und die Kinder dürfen zwischen den Rosenbeeten herumtollen. Ziemlich spießig, das alles.

Ich würde gerne als Bürger unseres Staates von diesem ebenso gut behandelt wie ein WM-Tourist. Will ich also um drei Uhr nachts Bücher und Hemden kaufen gehen? Keineswegs. Natürlich kann es Grenzen geben. Mehr als das Gedränge abends in der Innenstadt stört mich der Symbolwert: Den Dienstleister vor den Wünschen seiner Kunden zu schützen, das ist Staatsaufgabe.

Wir sagen gern, unsere ökonomische Zukunft liegt in der Dienstleistung. Das Wort kommt von dienen und leisten. Aber welches Image hat das Dienen? Um zu hören, daß wir gerne dienen sollen, müßten wir in die Kirche gehen, und das tun wir nicht, vielleicht auch deswegen. Weiteres Vorbild sind die Staats-Diener, die bei ihrem Amtseid so scheinen wollen, danach aber lieber anordnen.

Tja, und jetzt muß ich Farbe bekennen. Normalerweise habe ich irgend eine Empfehlung: Schaut her, Leute, da läuft der Hase hin, so löst man das Problem. Nicht diesmal. Denn wie will ich gegen eine lebenslange Prägung anrennen, die wir alle genossen haben? Schon in den Märchen, die mir als Kind vorgelesen wurden, war es nicht besonders erstrebenswert, Diener zu sein. „Und dann quakte der Frosch, verwandelte sich in einen Lakaien, Angie Jolie fiel ihm um den Hals und heiratete ihn" – höchst unwahrscheinlich.

So wird es also weiter Service- (auf Deutsch: Dienst-)Abteilungen geben, die nur so scheinen wollen. In denen mit gequälter Munterkeit Kunden schikaniert werden. Oder IT-Dienstleister, die sich giften, weil ihr Auftraggeber ein anderes Problem hat als das, welches sie gerne lösen würden.

Auch ich kann diesmal nicht mit einem Tip dienen. Ach doch, ich tippe auf Argentinien. Und darauf, daß eher die Wehrpflicht fällt als das Ladenschlußgesetz.

Eins zu eins für mich. Deutschland schlug Argentinien im Viertelfinale und wurde immerhin Dritter. Aber die Wehrpflicht wurde tatsächlich abgeschafft.

Techies sind cool, Controller zum Kotzen

Es gibt einen Autor, in Informatikerkreisen recht populär, der nicht müde wird, seine Vision vom konstruktiven Zusammenwirken diverser Menschentypen unter die Leute zu bringen. Das liest sich toll und geht unsereinem runter wie Mascarpone mit Amaretto, zumal seine Texte gespickt sind mit Spitzen gegen alle möglichen Charaktere, auf die wir schon immer sauer waren. Da wird das Gehirn der Manager schon einmal mit einem Windows-Filesystem verglichen, und der Vergleich mit Gefängniswärtern ist auch nicht weit.

Zu dumm, daß auch dieser Weltverbesserer eine Frage offen läßt: Wenn wir zuerst alle diffamieren, die nicht so ticken wie wir selbst, wie wird es uns gelingen, sie hinterher wieder konstruktiv einzubinden?

Ein Beraterkollege hat einmal prägnant formuliert: Klar integriere ich mich ins Kundenteam – aber doch nicht mit den Nervensägen.

Die Hölle, das sind laut Sartre die anderen. Etwa: Ich gebe lieber Geld aus als es zusammenzuhalten, ganz wie die meisten Menschen. Also ist der Typ im Projekt, der ständig fragt, ob jeder Tag sinnvoll eingesetzt wird und ob man das Budget noch einhalten kann, für mich eine Nervensäge, und groß ist die Versuchung, ihn als Gefängniswärter zu diffamieren.

Allerdings: Wenn ich am Ende des Monats eine Rechnung stelle und bald darauf ein Honorar sehe, verdanke ich das den Nervensägen beim Kunden. Würden dort nämlich alle ticken wie ich, hätten wir mehr Spaß gehabt. Nur wäre am Ende nichts mehr da, um meine Rechnung zu bezahlen. Ich müßte selbst dauernd ans Geld denken und würde meine eigene Nervensäge.

Aus der Sicht des Auftraggebers: Da kommt ein Berater mit super Knowhow. Aber er bewirkt nichts. Zuvor müßte ihm irgend jemand alle Anderstickenden aus dem Weg schaffen. Am Abend beschleicht den Auftraggeber das Gefühl: Den harten Teil der Arbeit muß ich selber machen.

Ein IT-Manager sagte mir: Den härtesten Teil, das Integrieren, nehmen mir unsere Dienstleister alle nicht ab. Er meinte Software, aber er hätte genauso gut von Menschen sprechen können.

Etliche Leser dieses Heftes kennen mich und würden sich kringeln, wenn ich mich jetzt als Guru der Toleranz aufspiele. Sagen wir lieber: Man hat so seine kleinen Rezepte, um nicht sofort durchzudrehen. Wenn mich Kollege G mit Fragen nach Terminen nervt, hilft folgende Geschichte:

Vor zwei Wochen gab mir der IT-Chef den Auftrag: Herr Matzner, sorgen Sie für eine saubere IT-Architektur. Das ist für uns strategisch. Bei uns wird immer noch zu viel gewurschtelt anstatt ingenieurmäßig Software zu entwickeln.

Habt ihr's gehört? Ich bin der wichtigste Mann im Projekt! Was will Herr G eigentlich von mir?

Ganz einfach: Eine Viertelstunde danach sprach der IT-Leiter mit Herrn G und sagte ihm: Herr G, sorgen Sie dafür, daß der Termin eingehalten wird. Das ist für uns strategisch. Wir haben zu viele Künstler, die lieber in Schönheit vergehen, ohne die Sache zu einem Ende zu bringen.

Seitdem läuft Herr G durch die Büros, als wäre er der wichtigste Mann im Projekt. Und mein Bankkonto sagt: Das ist er auch.

Hypes bitte ernst nehmen

Wer den *IT Freelancer* liest, zeigt damit besonderes Engagement und Interesse. Dazu gehört auch, stets die neuesten Techniken zu erlernen – und da theoretisch erworbenes Wissen nicht viel nützt, sie auch in der Praxis einzusetzen. Stimmt's? Klar, machen wir doch alle.

Alle bis auf einen. Seit nunmehr 22 Jahren mache ich konstant irgend etwas falsch. Von den neuesten Sachen lese ich immer nur in der Zeitung. Fast nie bin ich dort, wo der Hype real stattfindet.

In der Blütezeit der Wasserfallmodelle mit lexikondicken Handbüchern traf ich auf Manager, die den Wasserfall zyklisch zurechtbogen. Heute, in der agilen Epoche, dürften sie sich rehabilitiert fühlen, doch das paßt ihnen natürlich auch wieder nicht. Stattdessen erlauben sie sich, über den nächsten Use Case hinauszudenken und außer Code etwa Modelle und Dokumentationen schreiben zu lassen.

Ähnlich verhält es sich mit dem derzeit nun wirklich allgegenwärtigen Megahype. Als ich vor einiger Zeit einen liegengebliebenen Stapel von IT-Postillen rasch durchblätterte, las sich dies wie eine Litanei: Soaservicesoaporientiertsoasoapservicesoasoap... Tolle Sache, denn wenn man es mal kapiert hat, was ja wirklich nicht allzu anstrengend ist, kann man überall mitreden. Probieren Sie's mal und sprechen den folgenden Satz laut nach: „Eine weitere Steigerung der Wettbewerbsfähigkeit wird nur im Rahmen bereichs- und unternehmensübergreifender Prozeßintegration auf der Basis von Services erreichbar sein."

Ja, hört sich fürs erste schon gut an. Aber nicht rot werden dabei. Es besteht kein Grund, sich zu genieren. Wer das flüssig und selbstbewußt über die Lippen bringt, darf künftig die Vorstände beraten.

Und wieder einmal bin ich nicht da, wo die Show stattfindet. Kürzlich durfte ich bei der Auswahl einer Standardsoftware mitwirken. Von den zwei Herstellern, die in die engere Wahl kamen, konnte einer XML gerade buchstabieren, der andere hatte schon etwas Erfahrung damit. Von der allgegenwärtigen SOA weit und breit keine Spur.

Irgendwann habe ich beschlossen, den Spieß umzudrehen. Nicht auf jedem Berg begegnen mir Gemsen. Da ich sie aber immerhin manchmal sehe, halte ich sie für real. Anders steht es mit Yetis. Wenn also das, was in der Zeitung steht, mir nicht in freier Wildbahn begegnet, zweifle ich an der Zeitung, nicht an der Realität. Konferenzen, auf denen Praktiker darüber erzählen, was es gibt, finde ich interessanter als solche, bei denen die Gurus erzählen, was es geben sollte.

Abseits der Hypes findet der wirkliche Fortschritt statt. Systeme (vernünftiger Größe) zu bauen, hat heute erheblich weniger von einem Abenteuer als vor 20 Jahren. Wir sind besser darin geworden, den fachlichen Bedarf zu ermitteln und zu erfüllen, lebensfähige Strukturen zu entwickeln, Termine und Kosten einzuhalten. Das liegt aber nicht an dem einen oder anderen Hype, sondern an einer Vielzahl kleiner Fort-Schritte: in der Ausbildung, der gemeinsamen Erfahrung, den Programmiersprachen, den Entwicklungswerkzeugen, und, und...

Der Informatiker begegnete einem Zen-Meister und klagte: Um mich herum sind alle so aufgeregt. Es gibt so viel Neues, was man lernen und ausprobieren könnte. Wenn ich nur wüßte, was davon sich lohnt und mich zu einem besseren Informatiker macht. – Der Meister entgegnete ihm: Nicht die Dinge sind entscheidend, sondern deine Einstellung. Wenn du dich von der Aufregung anstecken läßt, kannst du nicht gut entscheiden. Du handelst nicht selbst, sondern läßt dich von anderen steuern, die andere Probleme lösen müssen als du. Also bleibe gelassen, prüfe in Ruhe, was an Fortschritt vorbeikommt, lerne und verwende das, was dir und deinem Kunden konkret nützt.

Das hat Ihnen Ihre Mutter/Ihr Grundschullehrer schon anno Schnupftabak gesagt? Irrtum, das ist eine brandneue IT-Methode, soeben von mir erfunden: Wipe the Hype. Lizenzen auf Anfrage.

Statt Soaservicesoaporientiertsoasoapservicesoasoap würde ich heute Microservices als Beispiel nehmen – ist das nicht das Gleiche in neuem Gewand?

Je größer, desto schwächer

Indische Elefanten, die Baumstämme tragen, fand ich stets beeindruckend. Von Dackeln kann man weniger verlangen, bestenfalls, daß sie die Zeitung holen, aber selbst darauf ist kein Verlaß.

Große Tiere tragen schwerere Lasten als kleine – diese Erfahrung kehrt sich im Business manchmal um. Je größer ein Unternehmen, desto länger läßt es sich etwa Zeit, seine Lieferanten zu bezahlen. So warten Softwarehäuser, die für unsere Top 100 tätig sein dürfen, oft Monate, gar Jahre, auf ihr Geld. Gut für sie, denn sie erweitern damit ihr Leistungsspektrum: Sie agieren als Bank.

Paradox ist allerdings, daß das Großunternehmen von den Banken bereitwillig Kredite bekäme, das Softwarehaus nicht. Hat ein Softwarehaus Sicherheiten, Grundstücke, Anlagen? Bestenfalls hat es gute Leute, und die sind nicht beleihbar. Also gerät es in Liquiditätsengpässe, und das trotz hoher Auslastung und guter Arbeit.

Wenn sich Softwarehäuser von größeren Unternehmen aufkaufen lassen, dann meist aus diesem Grund. Bessere Softwarelieferanten werden sie damit nicht, denn die Leute bleiben die gleichen – wenn sie bleiben. Wenn nicht, hat der Elefantenkunde als Resultat statt eines kompetenten Softwarehauses eine weniger kompetente Softwarebank.

Ist das Softwarehaus der Dackel, ist der Freelancer der Floh (um ein stolzes Tier zu wählen). Der darf nun erst recht die Baumstämme tragen. In der vergangenen Rezession war es beispielsweise üblich, daß die Elefanten verbindlich bestellte Leistungen einfach nicht in Anspruch nahmen, also vertragsbrüchig wurden. Die Dackel hatten Angst vor den Elefanten (vor deren Einkäufern) und bellten nicht einmal. Die Flöhe standen auf der Straße – ich weiß, ein Metaphernbruch, aber harmlos im Vergleich zu dem eigentlichen Skandal.

Sogar aus Freelancerkreisen hörte ich: Das mache einen guten Unternehmer aus, nicht steif an seinem Vertrag zu kleben, sondern sich eben schnell einen anderen Kunden zu suchen. Aha. Bestellen Sie mal ein Auto und nehmen es dann nicht ab. Oder bei Ihrer Bank einen Kredit, den Sie nach zwei Monaten zurückgeben. Dann werden Sie erleben, wie unsere besten Unternehmer, vielleicht sogar Ihre Auftraggeber, auf Vertragsbruch reagieren.

A propos schnelle Kundensuche: Besonders empfindlich sind die Dackel, wenn die Flöhe mehrere Dackel gleichzeitig akquirieren. Schon wieder eine blöde Metapher, aber jetzt ist es schon egal. Wenn etwa der Elefant über den Auftrag nachdenkt, Tage, Wochen, und plötzlich der Freelancer nicht mehr verfügbar ist, weil er anderswo eine Zusage erhalten hat. Dann erinnert sich der Dackel, daß er bellen kann.

Natürlich ist das unbequem für Elefant und Dackel. Aber beide werden deswegen nicht schlecht schlafen, im Gegensatz zum Freelancer, solange er wartet und kein Einkommen hat.

Wir Flöhe, Sie und ich, werden die Welt nicht verändern. Aber vielleicht hilft es in der nächsten Verhandlung, über eine faire Verteilung der Lasten nachgedacht zu haben. Und, liebe Dackel, wenn Sie an dem Floh einen Narren gefressen haben und ihn an sich binden wollen, können Sie ihm ja zum Ausgleich eine Auslastung garantieren.

Hard facts about soft skills

Viele wichtige Dinge über unseren Markt konnte man im letzten Heft lesen, von Vertretern der Hochschulen, der IT-Industrie und der Anwender. Mehr Informatiker müssen bei uns ausgebildet werden. Wenn sie dann arbeiten, nützt technisches Wissen allein nichts – an vorderer Stelle steht die Fähigkeit, im Team Lösungen zu entwickeln. Und Flexibilität natürlich, denn die Konkurrenz aus nah und fern steht zu Spottpreisen bereit.

Ach ja, Flexibilität. Als ich in den siebziger Jahren Informatik studierte, gab es in Deutschland noch Computerhersteller. Also lernten wir Betriebssystem- und Compilerbau anstatt Entwicklung von Anwendungssoftware, denn letztere ist ja bekanntlich trivial. Das sieht in heutigen Studienplänen zwar anders aus, aber Übersetzer- und Betriebssystembau haben sich halten können. Wieviele müssen hierzulande so etwas können? Vielleicht um einmal ein Konkurrenzprojekt zu Linux zu starten?

Nichts dagegen lernt man über die Fähigkeit, im Team Lösungen zu entwickeln. Egal ob an Schule oder Hochschule, in den entscheidenden Momenten ist Teamarbeit verboten. Und auch dort, wo sie stattfindet, wird sie dem Zufall überlassen. Wie man mit Widerständen umgeht, lernt man im Elektronik-Praktikum.

Also, liebe Kollegen in den Hochschulen, nehmt euch ruhig wichtig und fordert mehr (Mittel für) Ausbildung. Aber dann lehrt auch all das, was wichtig ist, und nicht nur das, wofür vor Jahrzehnten ein Lehrstuhlinhaber bestellt wurde. Flexibilität, ihr wißt ja...

So, und dann geht's ins wirkliche Leben. Gerade habe ich die Projektanfragen der letzten Woche an meinen Verteiler weitergeleitet. Zum Spaß habe ich das Verhältnis von technischen zu nicht-technischen Anforderungen mitgezählt: 144 zu 49. (In einer Ausschreibung stand tatsächlich PL/SQL bei den Soft Skills...) Hören wir nicht überall, daß man für den technischen Kram allein keine guten Honorare mehr zahlen kann, weil das in Pontevedrino auch schon beherrscht wird?

Also, liebe Softwarehäuser, erweitert eure Datenbanken, so daß Leute, die mehr zu bieten haben als C#, dies auch zum Ausdruck bringen können. Sonst darf der Vice President Recruiting als nächster selbst nach Pontevedrino umziehen, um seinem Beschaffungsmarkt näher zu sein. Flexibilität ist keine Einbahnstraße.

Genug der Stichelei gegen andere. Auch wir Freelancer sind gefordert. Hier ein paar Vorschläge für Skills, die Sie und mich aus dem grauen Heer von Billiglohnanbietern herausheben:

- Teamfähigkeit: Zum Einstand Sekt und Kartoffelchips mitbringen.

- Kommunikationsfähigkeit: Bei Outlook-Nachrichten stets das gesamte Team auf den Verteiler setzen.

- Durchsetzungsfähigkeit: Vorschläge anderer als unwirtschaftlich oder inperformant abbügeln.

- Blick über den Tellerrand: Dies ist wörtlich zu nehmen. Auf diese Weise muß man den Kollegen in der Kantine nicht in die Augen schauen.

Der fieseste Trick: Wir tarnen uns als Nearshore-Anbieter, dann haben wir tolle Marktchancen. Die näcshte Knomlue sibechre ich dhalesb auf Pnoetevrdnisich.

Wir können nichts – außer beauftragen

Selbst erlebt bei einem der größten deutschen Unternehmen: In einem anspruchsvollen Projekt arbeitet eine Handvoll externe Spezialisten, angeführt von einem internen Mitarbeiter. Letzterer ist angewiesen, im Projekt mitzuwirken und dabei die Externen zu kontrollieren. Mehrmals täglich telefoniert er mit seiner Mutter und klagt über die Strapazen. Kein Wunder, handelt es sich doch um einen Berufsanfänger, Chemiker ohne jeden IT-Hintergrund, der auf das Versprechen hereingefallen ist, dort rasch Karriere machen zu können. Die von ihm kontrollierten Externen haben Mühe, ihn von einer überhasteten Kündigung des stressigen Jobs abzuhalten.

Auch selbst erlebt in einer Ressort-IT, die pro Jahr neunstellige Budgets abfackeln darf: Dort gibt es eine Architekturabteilung, in dieser eine Gruppe für Strategie, geleitet von einem Berufsanfänger, Studienfach Volkswirtschaft. Das Selbstbewußtsein des Kollegen ist beträchtlich, darf er doch etliche Leute führen und in diversen Gremien des Konzerns mitwirken. Ob es der Architektur und ihrer Strategie jedoch gut tut, daß ihm dort jeder über die Bedeutung einer 1:n-Relation die Geschichte vom Pferd erzählen kann, darüber gibt es geteilte Meinungen. Na ja, immerhin wird die Gesamtabteilung kompetent geleitet. Von einem Externen.

Wenn es nach dem Willen der Großunternehmen geht, werden solche hübschen Stories kein Einzelfall bleiben. Dort will man, so ist zu lesen, zigtausend IT-Stellen abbauen. Die eingesparten Leute sollen teils extern eingekauft, teils ersatzlos gestrichen werden. An ihre Stelle tritt Personal zur Koordination der externen Dienstleister.

Koordination von Entwicklungsarbeit erfordert Erfahrung, sonst tanzen die Koordinierten dem Koordinator auf der Nase herum. Erfahrung gewinnt man nicht durch Koordinieren, sondern durch Entwicklungsarbeit. Wenn die Anwenderunternehmen ihre Leute nicht mehr entwickeln lassen, weil das ja nicht zur Kernkompetenz gehört, werden sie auch keine guten Koordinatoren bekommen. Paradox: Weil wir E nicht können müssen, brauchen wir K. Um K zu können, muß man aber E können. Also müßten wir doch E können.

Was juckt es uns Externe, können Sie jetzt fragen. Gut für uns, wenn die Anwender dümmer und von uns abhängiger werden. Zu kurz gedacht, meine ich: Mit einem schwachen Partner zu arbeiten, ist zwar bequemer, aber auch riskanter als mit einem starken. Wenn es Zoff im Projekt gibt, behält ein souveräner Manager den Überblick. Ein überforderter gerät leicht in Panik und schlägt wild um sich. Die angenehmste Zusammenarbeit ergibt sich mit einem Partner, der weiß, was er verlangen kann, was er dazu leisten muß, und bei dem man sich auf beides verlassen kann.

Und wenn der Koordinator nicht stark ist? Dann gibt es für uns ein nettes Beratungsprodukt: Unterstützung des schwachen Koordinators beim Koordinieren. Kein Witz, das durfte ich schon einmal machen, und es war ein hochinteressanter Einsatz. Nach der Logik dahinter darf man allerdings nicht fragen: Weil wir E nicht können wollen, aber K können müssen, kaufen wir jemanden ein, der K kann, weil er auch E kann. Gut für uns, denn jetzt müssen wir weder E noch K können, oder?

In der nächsten Kolumne soll es dann um diejenigen gehen, die weder koordinieren noch extern eingekauft, sondern ersatzlos gestrichen werden. Mag jemand den Text schreiben? Ich mache gern die Koordination.

Die Früchte dieser Entwicklung sind inzwischen zu sehen. Im Jahr 2018 hatte ich einen Projekteinsatz bei einem Top-Unternehmen der deutschen Wirtschaft. In einem externen Team arbeiteten rund 15 Entwickler. Auf Kundenseite gab es etwa gleich viele Koordinatoren, und damit diese Ansprechpartner hatten, beim Dienstleister ebenso viele. Um eine Konfigurationsänderung von 20 Zeilen machen zu dürfen, mussten mindestens vier Dokumente geschrieben und zwei Abnahmevorgänge zwischen Kunde und Softwarehaus absolviert werden. Damit sollten unnötige Features und Aufwände verhindert werden. Dass die 20 Zeilen damit auf acht Bearbeitertage bezahlten Aufwand aufgeblasen wurden, akzeptierte der Kunde ohne langes Nachdenken.

Nur nicht zu viel versprechen

Personalabbau Folge 2. Vor zwei Monaten bot ich an, eine Kolumne über diejenigen zu koordinieren, die im Zuge des Abbaus von IT-Kräften nicht offgeshort, sondern ersatzlos freigesetzt werden.

Leider fand sich kein Freiwilliger, um die paar lächerlichen Zeilen zu schreiben, von mir erstklassig koordiniert. Na schön, Leute, dann muß ich's schon wieder machen. Aber beklagt euch nicht. Es geht nämlich nicht den bösen Unternehmen an den Kragen, sondern den Informatikern selbst.

Man dürfte eigentlich keinen Informatiker freisetzen, denn er stiftet einen unermeßlichen Nutzen. Müßten all die Unternehmer, die über zu teure IT jammern, wieder Bataillone von Fakturistinnen mit Kurbel-Rechenmaschinen einsetzen und drei Monate auf ihre Umsatzzahlen warten – sie und sogar ihre Controller würden sich im Datengrab umdrehen.

Nutzen? Habe ich Nutzen gehört? Der edle Mann redet nicht über schnöden Nutzen, sondern über Ruhm und Ehre. Und so drücken sich die IT-Profis seit Urzeiten um eine überzeugende Nutzenargumentation herum.

Stimmt nicht, werden Sie jetzt sagen. Mit jedem neuen Projekt, mit jeder Technologie werden Vorteile versprochen. Oft wird das Versprechen tatsächlich gehalten. Wenn man genauer hinschaut, bleibt da aber gern ein Hintertürchen mit der Aufschrift: „Langfristig". Die neue XML-basierte Web-Architektur wird langfristig zu einer Verbesserung der Marktposition führen. Das heißt: Unsere Rechnungen stellen wir kurzfristig, zahlbar sofort. Ob ein Nutzen eintritt – ja mei, das ist langfristig, und ob wir das noch erleben, wissen wir selber nicht.

Damit stellen wir unser Licht unnötig unter den Scheffel. Ob es um die Einführung eines neuen Tools geht, um systematische Tests oder um ein anwendernahes Vorgehen – es ist kein Naturgesetz, daß diese Dinge zunächst nur Aufwände machen und erst in ferner Zukunft einen Nutzen bringen. Bis heute hat mir niemand nachweisen können, daß für ein sauber modularisiertes und in Schichten gegliedertes System eine Codezeile mehr zu schreiben ist als für ein schlampig dahingerotztes. Aber überall höre ich, klare Architektur würde zusätzlich Geld kosten und sich erst langfristig lohnen. Als ob eine aufgeräumte Autowerkstatt teurer arbeiten müßte als eine, in der die Schweißbrenner in der Kloschlüssel aufbewahrt werden.

Die Unternehmensleitung hat nicht die Aufgabe, jedem Tierchen seinen Lebensraum zu erhalten. Sie muß ihre Mittel dorthin leiten, wo sie am meisten Nutzen bringen. Dazu gehört auch, den Nutzen realistisch zu sehen und darzustellen. Hören Sie mal Ihren Kollegen genau zu, wenn sie von Projekten erzählen. „Dank unserer Arbeit können Servicemitarbeiter in aller Welt unseren Kunden doppelt so schnell helfen wie zuvor." Gott bewahre. Stattdessen: „Ich wollte statt Luftschloß 4.5 die neue 5er Beta einsetzen, aber der Projektausschuß war dagegen. Schmoll."

Als am fünften Schöpfungstag die höheren Lebewesen geschaffen waren, stellte Gott fest, "daß es gut war" (Gen 1, 25). Aus dem himmlischen IT-Bereich war derweil zu hören: „Scheiß Termindruck, morgen müssen wir schon den Menschen entwerfen und implementieren. Deshalb konnten wir die Giraffe nicht fertigentwickeln. Ihr Hals hätte eigentlich einen Meter länger sein sollen."

Der Blinde prüft den Sehenden

Klinglingling.

- Internistische Praxis Dr. Pillenmüller.

- Hier Oberarzt Privatdozent Dr. Hochgemuth vom Kreiskrankenhaus. Können Sie zur Zeit neue Patienten annehmen?

- Hmm. Eigentlich habe ich... ja, ähh,... doch, schon, müßte gehen, wenn es nicht gleich morgen sein soll.

- Gut. Wir haben hier einen Fall, bei dem eine Bauch-Op gemacht wurde und für den wir jemanden suchen, der die ambulante Nachsorge macht. Was ist Ihr Honorarsatz dafür?

- Das kommt auf die notwendige Behandlung an. Eigentlich verlange ich normalerweise für eine Untersuchung 50 Euro, fürs EKG 120 Euro...

- Wir brauchen einen Preis all-in.

- Wie? Na gut, sagen wir mal 800 Euro, wobei...

- Den Preis können Sie nie erzielen. Sie bekommen maximal 450 Euro.

- Wieso denn das?

- Mehr bezahlt der Patient nicht.

- Dafür ist aber eine retrospektionale Aphorietransduktion nicht zu machen, die man nach Bauch-Op unbedingt...

- Haben Sie überhaupt Erfahrung mit Nachbehandlungen für Bauch-Ops?

- Ja natürlich.

- Dann brauche ich zwei Referenzen von Patienten aus dem letzten Jahr.

- Ja, schon. Aber bei einem davon ging es hauptsächlich um eine Nierenzomalitis.

- Das spricht dann gegen Sie. Den Zuschlag wird nur jemand bekommen, der aktuelle Erfahrungen mit Bauchkonglomerationen hat. Wobei 450

Euro auch schon eine Obergrenze sind. Günstigere Anbieter werden auf jeden Fall bevorzugt.

- Aha. Und wer schafft denn für diesen Preis die retrospek...

- Wissen Sie was, schicken Sie uns zunächst mal Ihr aktuelles Profil.

- Wozu Profil? Ich bin Internist, das wissen Sie doch.

- Das haben Ihre Vorgänger auch behauptet. Der letzte hat uns den Patienten ganz schön zugerichtet. Wir schicken Ihnen jedenfalls eine Word-Vorlage, da können Sie mal eintragen, was Sie für Erfahrungen haben

- Wie ist eigentlich der aktuelle Zustand des Patienten?

- Jetzt geht es erst mal um den Preis und Ihre Qualifikation. Die Details werden Sie schon rechtzeitig erfahren, falls Sie den Auftrag bekommen. Der Patient braucht dringend eine Behandlung, läßt sich allerdings zwei Monate Zeit, den Arzt auszusuchen. Ich schicke Ihnen diese Tage einen Rahmenvertrag, in dem Sie zusichern, Ihr EKG-Gerät solange nicht zu benutzen, bis der Patient sich entschieden hat. Klar?

- Ja, klar. Eine Frage noch. Wie lange werden Sie mich denn auslasten?

- Anfangs mal zwei Monate, aber Sie wissen ja, wenn der Patient erst mal angebissen hat, bleibt er meistens länger. Wir melden uns. Vergessen Sie nicht das Word-Dokument.

Soll ich noch eine Moral aufschreiben? Na gut. Wir (mich eingeschlossen in diesen Kolumnen, mea culpa) pflegen die Welt aufzuteilen in Freelancer und Vermittler, die sich herrlich miteinander beschäftigen. Wie erfrischend wäre es doch, uns alle als Software-Dienstleister zu sehen, die ein Problem zu lösen haben. Nicht das Problem, das wir miteinander haben, sondern eine richtiges, lohnendes Problem...

Wie schon mehrmals gesagt, vom gemeinsamen Dienstleisterverständnis bewegen wir uns immer weiter weg. Heute wäre der Anrufer nicht mehr Doktor der Medizin, sondern lediglich Telefonist.

Wir sind nur Kostenfaktor

Nehmen wir mal an, Ihnen begegnet auf der Straße ein fremder Mensch und will sich von Ihnen 500 Euro leihen. Die bekommen Sie in zwei Wochen von ihm zurück. Versprochen. Würden Sie ihm das Geld geben?

Die Älteren unter uns werden sich noch daran erinnern, wie es vor zig Jahren ablief, wenn man einen Fernseher bei einem Versandhaus bestellte. Man schickte eine Postkarte und wartete auf die Ware. Die kam per Nachnahme. Man zahlte dem Paketboten den Preis, plus einer saftigen Gebühr für das Inkasso, und bekam dann das Paket.

Zuerst war man also das Geld los, erst dann bekam man den Fernseher. In der Zwischenzeit hatte man dem Händler einen Kredit gegeben. Einen Kredit während zwei Minuten vom Bezahlen zum Auspacken – das kann man für spitzfindig halten. Wenn aber ein Betrüger einen Ziegelstein in das Paket gesteckt hatte, sah die Sache anders aus. Dann konnte der Geprellte schauen, ob und von wem er den Kredit zurückbekam.

Heute hingegen liefert das Versandhaus meist auf Rechnung. Jetzt steht der Kunde toll da. Er kann das Gerät auspacken und ausprobieren. Wenn es ihm nicht gefällt (oder die WM vorbei ist), kann er es ohne Begründung wieder zurückschicken.

Einen Haken hat die Sache. Diesmal hat der Lieferant einen Kredit gegeben. Einen Fernseher, in der Hoffnung, Geld zu bekommen, oder den Fernseher zurück, mit etwas Glück nicht allzu sehr verkratzt. Würde er das für einen total Fremden tun?

Und damit kommt die Informatik ins Spiel. Früher mußte man, um einen Kredit zu erhalten, persönlich bekannt sein, einen Anzug anziehen, einen guten Eindruck machen und zwei Wochen warten. Heute genügen ein paar Datenbankzugriffe, und die meisten von uns bekommen ihren Fernseher und alle ihre guten Rechte als Verbraucher.

Tolle Sache eigentlich. Die Informatik sollte also eine hochangesehene Disziplin sein, weil sie unser Leben vergnüglicher gestaltet. Aber nix da. Fragen Sie mal den typischen Versandhauskunden, wem er für den Komfort beim Einkaufen dankbar ist. Vermutlich niemandem, sicherlich nicht den Softwareentwicklern.

An die denkt er erst, wenn es um den möglichen Mißbrauch seiner Daten geht. Recht hat er – aber das ist eben nur eine Hälfte der Realität. Bestätigt wird er in dieser einseitigen Sicht von manchen unserer Verbandsvertreter, die sich bei öffentlichen Statements gern auf die problematischen Anwendungen konzentrieren.

Wieder zurück zu meinen Lieblingsvergleichen: Stellen sich die Ärzte in der Öffentlichkeit als Produzenten von Kunstfehlern dar? Oder die Anwälte als Dandys, die pünktlich Rechnungen schreiben, aber wichtige Fristen verbummeln?

Lassen wir uns also nichts vormachen. Wir sind nicht einfach Kostenfaktor. Wir schaffen, neben ein paar Problemen, einen Lebensstil, den Millionen Menschen nicht mehr missen und Milliarden erlangen möchten. Das ist kein Grund für Standesdünkel. Wenn Ihnen aber jemand erzählt, die Informatik sei unbedeutend für seinen Unternehmenserfolg, fragen Sie ihn, ob er lieber wieder Nachnahmegebühren erheben möchte.

Die Mär vom Fachkräftemangel

Was haben digitale Musik, öffentlicher Nahverkehr und der Markt für Informatiker gemeinsam? Daß man sich bei allen dreien vortrefflich in die eigene Tasche lügen kann.

Seit der Verbreitung des CD-Brenners und des Internet jammert die Musikindustrie, daß ihr Unsummen durch Raubkopien verloren gehen. Die Rechnung ist einfach: Zig Millionen Kids mal etliche tausend kopierte Tracks gleich Verluste in Milliardenhöhe.

Hört sich plausibel an, und unsere Politiker sind auch drauf reingefallen, Stichwort Kopierschutz. Mit einem bißchen Menschenverstand betrachtet, reduziert sich das Problem auf Papiertigergröße. Kids (und Erwachsene ebenso) haben ein bestimmtes Budget für Spaß. Dieses wird ausgegeben. Wer sich ein Album im Monat leisten kann, wird es kaufen. Lassen wir ihn zusätzlich zwanzig Alben auf die Festplatte kopieren. Das ändert nichts daran, daß er sein verfügbares Budget brav zur Industrie getragen hat. Der Preis für die kopierte Ware mag ihr rechtlich zustehen – real hat sie keine Aussicht darauf, weil die Kohle einfach nicht da ist.

Geübt im Jammern sind auch unsere Verkehrsbetriebe. Wir sollen glauben, daß ihre Defizite durch böse Schwarzfahrer verursacht werden. Sonst kämen wir vielleicht auf die Idee, pensionsberechtigte Bürokraten, die das nächste Release der Bahnsteigordnung aushecken, wären schuld am Defizit.

Schwarzfahrer gehören bestraft, wie alle Diebe, ohne Zweifel. Der entgangene Umsatz der Betreiber jedoch steht großenteils nur auf dem Papier. Es stünde ihnen ja frei, wie das jeder Bäcker tun muß, dem Kunden bei der Errechnung und Bezahlung des richtigen Preises mit geschultem Personal zur Seite zu stehen, woraufhin kein Cent mehr fehlen würde. Wer all dies dem Kunden aufbürdet, spart zunächst einmal Kosten in gigantischem Ausmaß und kann sich über menschliches Versagen von ein paar Prozent nicht wirklich wundern.

Und die IT-Fachkräfte? Weder sind sie Raubkopierer (na?) noch Schwarzfahrer (hoffe ich doch sehr). Aber seit sich der Markt wieder gedreht hat und keiner auf der Straße steht, hören wir das Lügen in die eigene Tasche: Es gebe zu wenig Informatiker, und wir würden zig- oder hunderttausende mehr brauchen.

Das sieht im Einzelfall plausibel aus. Ein Vertriebler im Softwarehaus, der gerade eine Kundenanfrage nicht bedienen konnte, rechnet das als entgangenen Umsatz. Wenn es ihm zehnmal passiert, sagt er seinem Chef, er könne zehn Leute mehr auslasten – wenn, ja wenn es sie nur gäbe. Die Vertriebler bei seinen Mitbewerbern rechnen auch so.

Menschenverstand on. Schauen wir uns die Anwenderbetriebe an. Gewiß wird das eine oder andere Projekt mangels Fachkräften zurückgestellt. Aber könnten die Unternehmen ein Vielfaches von Personal wirklich verkraften? Jedes zusätzliche Projekt muß ordentlich geführt und von den Fachbereichen begleitet werden. Da klemmt es eh schon oft. Je mehr Projekte es gibt, umso mehr Abhängigkeiten zwischen ihnen gibt es, und umso mehr Sand kommt ins Getriebe. Wenn doppelt so viele arbeiten, geht es halb so schnell voran.

Ein Zwang zum Maßhalten fördert die Qualität. Sich einschränken bedeutet gründlich nachzudenken, was man braucht, was wichtig ist. Und so wie ich in der Rezession stets empfohlen habe, nicht in dumpfe Vezweiflung zu verfallen, sage ich jetzt andersherum: Lügen wir uns in guten Zeiten nicht in die Tasche.

Das hat auch 2019 noch volle Aktualität. Aus den Absageschreiben von Zwischenhändlern:

„An diesem Projekt besteht gesteigertes Interesse seitens der Kandidaten, weshalb wir hierzu sehr viel Rücklauf erhalten haben." (Standardfloskel eines der führenden Zwischenhändler, die auf fast jedes Angebot zurückkommt)

„Nachdem wir nicht mit unbegrenzter Anzahl an potentiellen Kandidaten und Kandidatinnen in die Vorstellung bei unserem Auftraggeber gehen

können, müssen wir nun selbst gut passenden Bewerbungen absagen." Die haben schon Angst vor unbegrenzt vielen passenden Kandidaten!

Hauptsache eine Urkunde

Neulich las ich beim Überholen auf einer Lkw-Plane einen Hinweis auf die ISO-Zertifizierung der Spedition. Ich war fast ein wenig überrascht. Ach ja, ISO 9000, das war doch seinerzeit das wichtigste Thema überhaupt. Redet heute noch jemand darüber?

Was macht eigentlich Guildo Horn? Keine Sorge, er lebt noch und arbeitet wie stets im Showgeschäft. Aber die Zeiten, da jedes Kind sein Piep-Piep nachträllerte, sind vorbei.

Wenn ein neuer Star die Bühne betritt, sieht es oft so aus, als würde er die bisherigen Stars für alle Zukunft in die Ecke verweisen. Dabei kann jeder Star froh sein, wenn er sich neben seinen Starkollegen im Rampenlicht behaupten kann – oder auch nicht, siehe oben. Wenn er in die zweite oder dritte Reihe zurücktritt, fällt uns das kaum auf, und irgend wann denken wir: Ach ja, da war doch mal....

Ach ja, da war doch mal Qualitätsmanagement. Qualität sollte systematisch erzielt werden. Dagegen kann man schwerlich etwas einwenden. Organisationen, die schon Erfahrung im Begutachten der Qualität unserer Auspuffrohre hatten, kamen zu einem netten neuen Geschäftszweig.

Warum ist der Star verschwunden? Vielleicht hat das Management vergeblich auf die Erfolge in Form von tatsächlich verbesserter Qualität und Kundenzufriedenheit gewartet. Vielleicht hatte es in der letzten Rezession wenig Lust, Geld in Qualität zu stecken, wenn man durch Stellenabbau und Qualitätsminderung den eigenen Marktwert viel einfacher steigern konnte.

Für uns Informatiker wurden noch weitere Formen der Zertifizierung erfunden. Weil es Entwickler mit wenig Ahnung gab (was tatsächlich stimmt und nicht gut ist), sollten sich am besten alle zertifizieren lassen (was gut sein könnte), und zwar für die Produkte des einen oder anderen großen Herstellers (was weitgehend Unsinn ist).

Lesen Sie bei Ihrem Friseur die an der Wand hängenden Zertifikate? "Manfred Schnippel hat an einem Seminar zur richtigen Anwendung unserer Haarwuchsförderprodukte..." Ähnlich wie Sie und ich beim Friseur verhielten sich auch unsere Kunden. Sie wählten ihre Dienstleister nach den gewohnten Bedingungen aus und ignorierten die Energie und das Geld, das in die Zertifizierungen geflossen war.

Wieder einige Zeit darauf kam ein neuer Shooting Star auf die Bühne. Der Umbrella. Nein, da ist jetzt nicht der Regenschirm von Fred Astaire gemeint, der sich jahrzehntelang auf der Bühne halten konnte. Die Umbrellas der IT-Szene wollten sich wie eine Art Mega-Bodyleaser zwischen die Großunternehmen und die Freelancer setzen, so daß kein Freelancer mehr an ihnen vorbei zu einem Auftrag käme.

Die eigentliche Vertriebsarbeit sollten dabei die Kunden und die Freelancer leisten. Der Umbrella schloß Rahmenverträge, betrieb eine Datenbank und verdiente je Stunde mit. Ist das der Grund, aus dem auch die Umbrellas von der Bühne in die Requisitenkammer gewandert sind?

Wie aber schafft man es, Star zu bleiben? Indem man viel besser singt als die anderen. Gell, Guildo.

Das Wort zum Sonntag: Vom Wert des Menschen

Zum Thema Honorarfindung, so glaubte ich, sei alles gesagt. Macht nichts, jeder kann sich irren.

In der Diskussion beim Freelancer-Kongreß herrschte zunächst die Meinung: Wenn der Vermittler mein Wunschhonorar zahlt, darf er ruhig eine komfortable Marge draufschlagen. Wenn jeder bekommt, was er braucht, kann keiner meckern. Oder?

Einige meckerten doch. Wenn der Vermittler mich nach meinem Wert honoriert und eine dicke Marge nimmt, zahlt der Endkunde mehr, als ich eigentlich wert bin. Dann kann ich den Gegenwert für den hohen Preis nicht liefern und stehe dumm da.

Hoppla, Kollegen. Da habt ihr Preis und Wert durcheinandergebracht. Saubere Begriffsbildung ist eine der Kernkompetenzen des Informatikers. Also üben wir das jetzt mal.

Was ist einer von uns wert?

Die eine Grenze bekommen wir in der Sonntagspredigt, und, wenn wir Glück haben, von unserer Familie: Du bist unendlich viel wert, denn du bist einzigartig und außerdem Mensch.

Die untere Grenze kommt von den Einkäufern: Die Inder sind jünger (stimmt), fleißiger (stimmt absolut) und besser ausgebildet (hä?) als du. Also bist du nicht mehr wert als das Salatschüsselset vom Kaffeeröster.

Wenn Sie anhand dieser Werteskala Ihren Preis festlegen wollen, erinnert das mit Grauen an den Mathe-Vordiplomstoff. Sie haben die Auswahl auf der Halbgeraden zwischen Null und plus Unendlich. Ziemlich viel Auswahl.

Auf der Werteskala liegen wir unter der Krankenschwester, die auch kompetent und fleißig ist und zudem Menschen am Leben hält. Wir liegen über dem Landesminister, da wir echte Probleme lösen und mehr Ordnung als Chaos schaffen. Auf der Preisskala würde selbst der übelste Bodyleaser uns mehr gönnen als die Krankenschwester bekommt, und selbst unser bester Freund, hätte er denn ein Softwarehaus, könnte uns nicht so üppig ausstatten wie einen Minister.

Mit der Frage nach dem Wert kommen wir also nicht weiter. Fragen wir stattdessen nach dem Preis und wenden uns einem Berufsanfänger bei einer der berühmten Schnösel-Beratungs-Companies zu. Wenn der zu seinem Managing Partner käme und sich wünschte, billiger verkauft zu werden, weil er noch gar nicht so viel wert sei, was würde der ernten? Ein müdes Lachen, aber soweit kommt es nicht, weil diese Leute nach Frechheit ausgesucht werden.

Was also leisten unsere Vermittler? Sie vermitteln nicht nur, sie veredeln uns. Allein bin ich der Bröselmeier. Mit ihnen bin ich Senior Consultant bei Schnöselmyer Consulting. Wenn der Schnösel das nicht schafft, ist er seine Marge nicht wert, egal wie niedrig sie sei. Wenn er es schafft, steigert er mein Ansehen und ich das seine, der Kunde honoriert das, jeder bekommt, was er braucht, und keiner kann meckern.

Es funktioniert übrigens auch anders herum. Wenn ein 60-Euro-Externer meint, man solle für jede Funktion zuerst einen Testfall schreiben, ist er ein Nörgler. Wer doppelt so viel fakturiert, darf die Idee dem Management vortragen und ist – sagte ich doch: Senior Consultant.

Mit High-Tech werden wir produktiver

Seit längerem verkünde ich, wir sollten der Welt den Nutzen der Informationstechnik klarmachen. Kürzlich durfte ich in einem kleinen Non-Profit-Projekt diesen Nutzen direkt erleben. Titel der Story könnte sein: Wiki und Telko – ein Beitrag zur Entschleunigung unserer Welt.

Eine gute Handvoll von Menschen, räumlich verteilt, wollen zusammenarbeiten. Da sie alle aus der IT stammen, nutzen sie moderne Technik. Das nennt sich CSCW: Computer Supported Collaborative Work.

Anstatt persönlicher Treffen gibt es regelmäßige Telefonkonferenzen (Telko). Für einfache organisatorische Dinge sind sie gut geeignet. Etwa zur Festlegung des Termins für die nächste Telko.

Bei einer Telko hört man nur, sieht aber nichts. Also brauchen wir gemeinsame Dokumente. State-of-the-Art dafür ist Wiki. Das ist wirklich toll, denn jeder kann Wiki ganz schnell lernen und dann Informationen dort ablegen. Das kommt Informatikern entgegen, die lieber mit Software umgehen als mit ihren Mitmenschen.

Etwa bei der Projektsteuerung. Man legt eine Liste von Aufgaben in Wiki ab und erkundigt sich nach drei Wochen entrüstet, warum die längst verteilten Aufgaben noch nicht erledigt sind. Das liegt daran, daß die Leute noch nicht richtig an Wiki gewöhnt sind, sondern erwarten, daß jemand wie zu Opas Zeiten mit ihnen bespricht, was sie tun sollen.

Manchmal sind nicht nur Dokumente zu finden, sondern Entscheidungen zu treffen. Dafür ist wiederum Telko ideal. Telko kann man an jedem Ort der Welt machen, auch im Auto oder auf dem Balkon. Alle hören dann den Common Rail Diesel und die spielenden Kinder. Aus diesem Klangteppich versucht man die Stimmen der Teilnehmer herauszufiltern. Stirnrunzeln oder beifälliges Nicken gibt es nicht, aber vielleicht kann man die Stimmung mit viel Übung aus den Schaltgeräuschen der Kollegen im Auto ableiten. Wie die Entscheidung genau lautet, kann ich ja hinterher im Protokoll lesen. Hoffentlich hat der Protokollant mehr gehört als ich.

Also bis zur nächsten Telko. Der Zugangscode zu Telko steht wo? Natürlich in Wiki. Die beiden ergänzen sich in perfekter Synergie. Ich muß also nur noch meinen Zugangscode zu Wiki suchen. Hoffentlich gibt es bald für jedes Projekt ein Wiki. Dann habe ich so viele Zugangscodes wie Plastikkärtchen mit PINs. Irgendwie muß sich der Arbeitstag ja füllen.

Ich finde das alles super. Denn die Amis und die Inder arbeiten auch so. Marktwirtschaft bedeutet ja nicht, gut zu sein, sondern nur nicht schlechter als die andern. Da ist es beruhigend, wenn alle die gleiche Technologie für die Bremsklötze benutzen.

Nur Große dürfen glitzern

Wenn sich Geschäftspartner einige Zeit aneinander gewöhnt haben, geht es nicht mehr so förmlich zu wie am Anfang, und sie führen auch einmal ein privates Gespräch. Dies ist meine 25. Kolumne in diesem Magazin, und meine Leser, zumindest die Abonnenten der ersten Stunde, haben es verdient, nicht mehr allzu förmlich behandelt zu werden. Also erzähle ich heute etwas aus meinem Privatleben.

Ich wohne in einer Designerwohnung in der angesagtesten Lage München. Meine Frau ist die schönste und liebevollste weit und breit, und meine Familie insgesamt ein Hort der Freude. Mein Lebensweg, vom Krabbelalter über Schule und Universität bis zum heutigen Tag, ist geprägt von stets optimalen Entscheidungen, die mich von einem Erfolg zum anderen geführt haben. Alle Menschen in meiner Umgebung schätzen mein unfehlbares Urteil, das gleichwohl mit menschlicher Zuwendung und stets guter Laune verbunden ist. Erst letzte Woche erklärte ich unserem Ministerpräsidenten, wie er die Chancen seiner Partei vor der Wahl...

Halt, liebe Leser, bitte werfen Sie das Heft jetzt nicht in die runde Ablage. Zum einen sind jede Menge anderer wertvoller Artikel drin. Zum anderen habe ich Sie und mich nur auf die Schippe genommen, weiß ich doch, daß jeder, der auf einer Party derart prahlerische Geschichten erzählt, als peinlicher Aufschneider empfunden wird.

Kein Mensch ist nur toll. (Einzige Ausnahme: manche Päpste, und auch die nur zwei Monate vor ihrem Tod oder nach ihrer Wahl.) Freelancer sind Menschen. Also sind Freelancer nicht nur toll.

Freelancer sind auch Unternehmen und stehen im Wettbewerb mit anderen Unternehmen. Ist es für andere Unternehmen auch peinlich, nur toll sein zu wollen? Keineswegs. Schauen Sie sich die Website irgendeines Autoherstellers (mit den Absatzproblemen), irgendeiner Bank (mit den Wertpapierskandalen) oder irgendeines Softwarehauses (mit den Qualitätsmängeln) an. Nur toll.

Die Werbeleute testen genau, was beim Volk ankommt. Mindestens so interessant wie P = NP finde ich deshalb das folgende offene Problem: Warum kommt ein Geprahle, mit dem sich jeder Mensch lächerlich machen würde, gut an, sobald es von einem Unternehmen kommt?

Also was soll jetzt der Freelancer machen? Als Mensch schön auf dem Teppich bleiben und Defizite zugeben? Oder als Unternehmen eine Glitzerhaut aufziehen?

Wie zu allen von mir bisher angerissenen Themen weiß ich auch für dieses die optimale, für jeden allzeit gültige Lösung. Ach, ähh... Nein, ich weiß sie nicht. Ehrlich. Ich finde es nur gut, das Dilemma zumindest vor Augen zu haben. Wer sich auf einem schmalen Steg bewegt, sollte zumindest wissen, daß ringsum Wasser ist. Das erhöht die Chance, nicht nach links oder rechts herunterzufallen.

Zu meinem Privatleben: Das oben Geschriebene ist natürlich weit übertrieben. Bis auf die Sache mit Frau und Familie.

Den Preis wünsch ich mir

Hatten Sie schon einmal mit einem Münchner Immobilienmakler zu tun? Also stellen Sie sich einmal vor, Sie suchen eine Dachterrassenwohnung mit Marmorbad, direkt am Isarhochufer, für maximal 7 Euro pro Quadratmeter warm. Glauben Sie, der Makler greift auch nur einmal zum Telefon wegen solch einer Anfrage?

Solche Gedanken gingen mir durch den Kopf, anläßlich einer Projektausschreibung, die neulich auf den üblichen Kanälen durch die Szene kreiste. Ein Unternehmen mit großem Filialnetz suchte einen Projektmanager für folgende Aufgabe: *Reduktion des Zeitraums von Mietbeginn bis Eröffnung eines neuen Shops auf 30 Tage durch Neugestaltung des gesamten Prozesses über alle beteiligten Abteilungen unternehmensweit. Im Wesentlichen muß der Prozess durchdacht und mit den Fachabteilungen verhandelt werden.*

Wow. So einfach mal ein Großunternehmen umkrempeln. Das muß ich machen. Da werde ich berühmt. Aber halt: Ob ich das überhaupt schaffe? Ob irgend jemand das schafft? Darüber reden schadet auf keinen Fall. Also flugs zum Telefon und einen der anfragenden Zwischenhändler angerufen.

Kalte Dusche, Vertriebsprozeß unterster Sohle: Wann verfügbar? Stundensatz? Viel zu hoch, mehr als 75 Euro gibt es nicht, wir sind gedeckelt.

Hallo Endkunde, hallo Zwischenhändler, bitte aufwachen! Das ist vielleicht ein Honorarsatz für einen Entwickler, der nebenbei auch noch ein bißchen mit dem Fachbereich redet. Aber hier wird jemand gebraucht, der das Unmögliche möglich macht. Die beteiligten Abteilungen werden einen Externen, der ihre Prozesse strafft und entrümpelt, kaum mit offenen Armen empfangen.

Was macht ein Auftraggeber, wenn er ein derartiges Problem zu lösen hat? Er schlägt sein Notizbüchlein auf und sucht die Telefonnummern einer Handvoll Personen, auf die er große Stücke hält. Die fragt er, was sie von der delikaten Aufgabe halten. Wenn sie es nicht selbst machen können, ob sie vielleicht jemanden kennen...

Armer Auftraggeber. Vielleicht kennt er keine hervorragenden Leute, oder sie hatten alle keine Zeit oder keine Lust auf das Himmfelfahrtskommando. Oder er hofft, mit ein paar anständig gemalten Visio-Bildern wäre das Problem zu lösen.

Armer Auftraggeber. Er kennt auch keine guten Personaldienstleister. Die er kennt, denken keine zehn Minuten über sein Problem nach. Wozu auch, es genügt doch, die geforderten Skills über die Datenbank laufen zu lassen und die Profile der drei günstigsten Anbieter weiterzuschicken.

Ich geb's ja zu, aus mir spricht der blanke Neid. Warum soll ich den ganzen Tag über Kundenprobleme nachdenken, wenn sich auch durch Abgleich von Datensätzen Geld verdienen läßt? Also: Für einen öffentlichen Auftraggeber suche ich einen Berater, der die nächste Stufe der Gesundheitsreform entwirft und durchsetzt. Must-have: Geschickter Umgang mit Excel. Nennen Sie mir Ihren besten Satz all-in für Berlin, aber ich sage Ihnen gleich: Wir sind auf 54 Euro gedeckelt.

Nur Finanzprodukte machen glücklich

Ich mag die Finanzkrise.

Hey, Matzner, jetzt reicht's. Ab und zu über die Bodyleaser witzeln mag ja noch angehen. Aber nicht über die Finanzkrise. Die kostet uns Bil-li-o-nen, und sogar die weltweite Einführung des Grünen Punkts ist durch sie in Frage gestellt.

Ich witzle ja gar nicht. Die Sache hat durchaus ihre guten Seiten. Mag sein, daß wir alle ein Stück abrutschen, aber die Plätze werden dabei neu verteilt. Bisher galt: Wer Geld investieren wollte und es in Finanzproduk-te steckte, konnte 25 Prozent Rendite erwarten. Nur Weicheier gaben sich mit weniger zufrieden und investierten in dröge Hersteller von Hühner-suppe oder gar Software.

Der Traum von der schnellen Rendite ohne Arbeit ist ausgeträumt. Das heißt umgekehrt: Wer solide Leistung erbringt, hat wieder Trümpfe in der Hand. Zum Beispiel, erklären zu können, wie seine Ergebnisse zu-stande kommen und welchen Nutzen sie stiften. Gerade wir Softwareleute kennen die Angst vor dem Unsichtbaren. Aber selbst die verlottertste Software in einer Bank ist besser erklärbar als die Optionsgeschäfte, die über sie abgewickelt wurden.

Seit dem Crash ist nichts mehr wie früher. Zwar meint Hilmar "Peanuts" Kopper immer noch, Banken sollten 25 Prozent Rendite machen. Aber der Mann ist ja im Ruhestand und muß nicht mehr lernen, im Gegensatz zu seinen jüngeren Kollegen. An deren Bankfilialen hängen Schilder: Wegen Umschulung unserer Mitarbeiter ist bis auf weiteres mittwochs geschlos-sen. Tausende wackere Bankkaufleute lernen wieder, wie zu Großvaters Zeiten, gute von schlechten Risiken zu unterscheiden, seriöse Geschäfts-leute von Schaumschlägern und Glücksrittern.

Sie haben noch kein solches Schild gesehen? Oh, da ist wohl die Fantasie mit mir durchgegangen. Tatsächlich ist von den Banken nicht mal ein leises "sorry" zu vernehmen, geschweige denn das große Umdenken zu beobachten. So hört man etwa aus der Automobilindustrie, daß die großen Hersteller diesseits des Teichs weiter produzieren können, wenn auch ein bißchen weniger. Die Zulieferer jedoch kommen ins Wackeln, weil sie von unserem Kreditgewerbe nicht mehr finanziert werden.

Warum muß ein Zulieferer eigentlich finanziert werden? Jeder mittelständische Softwareunternehmer kennt den Grund: Weil die Großunternehmen sich von ihnen finanzieren lassen. Tausend externe Informatiker à tausend Euro macht eine Million pro Tag. Wenn man die ein gutes Vierteljahr verzögert zahlt, gibt das einen schönen stehenden Kredit von 100 Millionen, unverzinst. Das sind Peanuts, aber es gibt nicht tausend, sondern mindestens hunderttausend externe Informatiker. Addiert man noch andere Branchen hinzu, wird ein hübsches Sümmchen daraus.

Dieses Sümmchen brauchen kleine und mittlere Unternehmen, also die Leistungsträger unserer Gesellschaft, von ihren Banken, und das soll jetzt verteuert oder ihnen ganz verweigert werden. Ist die Realwirtschaft marode, nur weil die Finanzindustrie gelumpt hat? Nein, aber weil die Finanzindustrie auf ihren ersten Lumpenstreich gleich den zweiten draufsetzt, kommt nun die Realwirtschaft auch ins Schleudern.

Trotzdem mag ich die Finanzkrise, immer noch. Sie hat gezeigt, daß Lumperei bestraft wird, wenn auch verzögert. Und wenn in Zukunft jeder Lump auch nur ein bißchen zittern muß, wird die Welt insgesamt ein schöneres Plätzchen.

Je toller der Berater, desto dümmer der Kunde

Welcher der folgenden Begriffe beschreibt Ihre Rolle beim Kunden am treffendsten? Bitte ankreuzen: Großer Zampano – Berater – Externer Mitarbeiter – Fußabstreifer.

Wenn wir die beiden Extreme einmal außer acht lassen, bleibt immer noch ein hübsches Spannungsfeld übrig. Wir sind ganz bestimmt alle mega-kundenorientiert. Aber was bedeutet das konkret? Fragen, was wir für den Kunden tun sollen und genau das tun, nicht weniger, aber auch nicht mehr? (Externer Mitarbeiter.) Oder etwas wissen und können, was der Kunde selbst nicht kann, dies aktiv einbringen und den Kunden dadurch führen? (Berater.)

Jetzt erwarten Sie vermutlich von mir ein Loblied auf die Beraterrolle. Also schön, ein Loblied, aber ein kurzes, weil es eh klar ist: Dem Berater winken viel Verantwortung, Adrenalin, Unique Selling Point und hohes Honorar.

Berühmte Consultingfirmen sehen das eindimensional. Wir sind schlauer als der Kunde, sonst bräuchte er uns ja nicht. Also müssen alle wichtigen Aufgaben von uns und nach unseren Methoden erledigt werden. Ganz nebenbei dient diese Sichtweise auch der Auslastung des Consulters und dem Ego seiner Mitarbeiter.

Ein Haken ist allerdings dabei. Wenn der Kunde tatsächlich um soviel ahnungsloser ist als ich – was wird er dann mit meinen Ergebnissen anfangen? Was immer ich entwerfe und baue, schlußendlich wird er es umsetzen und weiterführen. Welche Freude, daß unsere Technologien jede Menge Abstraktionen bereithalten, die sich keinem außer dem Erfinder eröffnen.

Eine hübsche Falle, in die natürlich immer nur die anderen geraten, ist das Kopieren der vorigen Lösung. Sorgfältige Analyse der Anforderungen beim letzten Kunden hat beispielsweise zur Einführung eines zweistufigen Rollenkonzepts geführt. Damit lassen sich endlich Kunden, Mitar-

beiter, Laptops und die für das Kantinenfutter gekillten Zuchtschweine als
Ausprägungen des generellen Begriffs „Ressource" darstellen.

Was liegt also näher, als beim aktuellen Kunden die nächste Ausbaustufe,
ein metadatengesteuertes n-stufiges Ressourcenmodell zu propagieren,
mittels dessen der Umbau des Adreßverwaltungssystems zu einer Kampf-
flugzeugsteuerung durch bloßes Umlegen eines Schalters zur Laufzeit
erfolgen kann. Damit handeln wir wirtschaftlich, ersparen wir doch dem
armen gebeutelten Auftraggeber den Aufwand für eine Requirements-
Phase. Daß er statt der hochartifiziellen Beraterlösung nur ein Telefonver-
zeichnis wollte – Pech für ihn. Wie oben schon gesagt: Der Kunde ist eh
blöd, sonst bräuchte er uns nicht.

Es geht bei alledem nur vordergründig um die Sache. In Wirklichkeit
geht's um unser Ego. Das ist im Lauf der Jahre in schreckliche Gefahr
geraten. Vor nicht allzu langer Zeit hatten wir es bei unseren Kunden mit
umgeschulten Bürofachgehilfen zu tun, denen wir schon mit tiefgründi-
gem Wissen über die Case-Anweisung imponieren konnten. Heute sitzen
da Leute, die wissen, was sie können und wofür sie uns brauchen.

Dieses Einfühlungsvermögen erwarten sie allerdings auch von uns. Herausfinden, was der Kunde braucht, was davon er selber leisten kann und
wo wir uns nützlich einbringen, das ist der Seiltanz, bei dem wir zeigen,
ob wir Berater oder doch nur Zampanoabstreifer sind.

Wenn wir das geschafft haben, macht es beiden Seiten wieder richtig
Spaß, gemeinsam Projekte zu machen. Und das ist wirklich gut fürs Ego.

Und wieder: Die Branche der Preisdrücker

Stellen Sie sich vor, Sie wollten ein neues Auto kaufen. Auch wenn Sie die Verschrottungsprämie einstreichen, bleibt immer noch ein fünfstelliges Sümmchen zu zahlen übrig. Dafür stehen, sagen wir, zwanzig passende Modelle zur Auswahl. Würden Sie die Entscheidung treffen, ohne das Objekt wenigstens in natura gesehen zu haben?

Es gilt, ist der Geltungstriebwagen erst mal angeschafft, nicht mehr als cool, mit dem PS-Wert zu protzen. Noch dämlicher wäre es, sich zu brüsten: die Kiste habe ich in zehn Minuten gekauft. Daten überflogen, Submit gedrückt, zack bestellt, zack geliefert.

So kauft man vielleicht Socken, aber kein Kaffeeservice und schon gar kein Auto. So werden aber externe Informatiker eingekauft, durfte ich in der vorletzten Ausgabe dieses Magazins lernen. Einer der führenden Recruiter der Nation preist da sein neues Verfahren an, IT-Freelancer „analog zum Wareneinkauf… genauso einfach [zu] engagieren, wie sie bislang Hard- und Software bestellen konnten". Durch Automatisierung der Beschaffungsaufträge soll eine umwerfende Einsparung von fünf Prozent erzielt werden, denn „der Experte gewinnt dadurch Zeit für seine eigentliche Arbeit. Dadurch kann er… seine Leistung zu einem günstigeren Preis anbieten, was seine Einsatzwahrscheinlichkeit… erhöht". Letzteres zeigt auch, auf welche Daten der Beschaffungsautomat zuerst schaut.

So arbeiten Profis, denken die Teilnehmer an diesem Spiel. Preis gecheckt, zack bestellt, zack im Projekt eingesetzt.

In welchem Projekt? Brauchen wir jemanden, der sorgfältig einen Sack von Requirements abarbeitet, oder einen, der uns auf gute Ideen bringt? Soll die Beraterin das Projekt beim Management verkaufen, eine nölende Horde Anwender ruhigstellen oder mit den Techno-Nerds mithalten?

Darauf ist die Zack-Recruiter-Fraktion bestens vorbereitet. Seit einiger Zeit reichert sie ihre Skill-Matrizen um Kriterien an wie: Communication Skills (100% required), Interpersonal Skills (100% required), Independent, systematic & focussed work methods (100% required). Zack Prozentzahl reinschreiben, zack gewichteten Durchschnitt auswerten, alles automatisch.

Fachkräfte aus dem Bonbonautomaten. Wenn der Verkäufer damit Erfolg hat, winkt der Aufstieg zum Gebietsvertreter für Käsesticks und Balkonpflanzen. Jedenfalls ist jetzt Schluß mit langwierigen Beschaffungsdialogen à la:

Freelancer: Da steht "Prozesse mit den Stakeholdern verhandeln und neu strukturieren". Aber auch: "Tomcat-Konfiguration optimieren und Security-Lücken aufdecken". Sucht der Kunde das alles in einer Person?

Zwischenhändler: Das haben wir uns auch schon gefragt. Wir stehen mit dem Kunden in Verbindung, um seine Anforderungen noch präziser herauszuarbeiten.

Übersetzt in Zack-Sprache: Solche feinsinnigen Unterscheidungen interessieren uns wie Fahrrad in Peking. Den Kunden werden wir nicht mit Rückfragen belästigen, das kostet seine und unsere Zeit. Irgendein Freelancer wird sich schon finden, der uns zack Prozentzahlen und einen guten Preis nennt, ohne zu penetrant nach der Aufgabe zu fragen.

Übrigens, liebe Zack-Recruiter, wenn ihr nach dem Beschaffungsautomaten den automatischen IT-Experten entwickeln wollt: Das versuchen diverse Unis und Hersteller seit Jahrzehnten, aber es will und will nicht funktionieren.

Nachricht aus dem Keller der Hackordnung

Es wollen, so liest man, immer weniger junge Leute Informatik studieren. In den Hochschulen und Betrieben überlegt man sich, wie man ihnen die Freuden des Faches nahebringt, um den Mangel an Informatikern zu beheben. Hinter solchen Absichten stehen Interessen. Viele Informatikstudenten bedeuten für die Professoren viele Lehrstühle und Mitarbeiter, für die Personalchefs und Einkäufer reiche Auswahl. Und zugegeben: Mangel an Informatikern bedeutet für den Spitzen-Schreiber eine gute Marktposition.

Informatik hält die Welt am Laufen. Warum also reißt sich die Jugend nicht um die Chance, am Rad mitzudrehen? Nicht cool sei der Beruf, sagen sie (etwa in einer Gulp-Studie, zitiert in c't 12/2009). So ein Unsinn. Wir Informatiker sollten nicht cool sein? Das würde ja heißen, daß sogar ich... Um solche abwegigen Gedanken im Keim zu ersticken, hier meine Anleitung zur Lösung des Problems: Wie macht man den Informatiker-Beruf wieder cool?

Wer cool ist, hat keinen Chef. Das funktioniert nicht überall, daher hier die zweitbeste Lösung: Wer cool ist, hat einen Chef, auf den man stolz sein kann. Nicht alle Musiker sind zu Solisten geboren, aber wenn schon unterordnen, dann bitte unter einem anerkannten Dirigenten. Wer dirigiert die Informatik? Schaut man die Hierarchieleiter hinauf, landet man fast zwangsläufig bei Verwaltern, deren IT-Horizont bei der uncoolen Frage „Und was passiert, wenn wir gar nichts machen?" endet.

Ist die Informatik einer fachkundigen Führung unterstellt, können wir uns den nächsten Stolpersteinen widmen. So wie der Architekt es cool findet, seinen Plan realisiert zu sehen, freut sich auch der Informatiker, wenn sein fundierter Rat angenommen wird. Coolness hat etwas mit dem Platz in der Hackordnung zu tun. Da können Politik und Wirtschaft noch viel verbessern. Zum Beispiel IT-Gesetze nicht regelmäßig gegen den Rat der IT-Kompetenz machen. Oder den IT-Architekten nicht im letzten Moment die Entwürfe wegblasen und versprechen, nur noch dieses Projekt machen wir quick and dirty.

Ist das geschafft, fällt es vielleicht leichter, produktive Arbeitsbedingungen zu schaffen. Seit 20 Jahren warten die Anleitungen aus „Peopleware" darauf, umgesetzt zu werden. Räume und Zeiten für konzentriertes Denken, Räume und Zeiten für zielgerichtete Kommunikation. Wo gibt es so etwas in den Großraum-Massenhaltungen? Sparen am falschen Ende drückt Mangel an Wertschätzung für die Arbeitenden und ihre Ergebnisse aus, und das ist höchst uncool.

Outsourcing und Offshoring bedrohen uns nicht wirklich. Sie verändern aber das Ansehen einer Profession. Wenn ein Controller, ein Informatiker und ein Marketier am Besprechungstisch sitzen: Wer von den dreien hat das coole Selbstbewußtsein, daß sein Job nicht genauso gut in der Billigklitsche gegenüber oder gar am Hindukusch erledigt werden könnte?

Weiter liest man, daß weniger junge Informatiker sich selbständig machen. Sind die alle bekloppt? Coolness-Indikator Nummer eins, keinen Chef haben, ist für die Selbständigen per definitionem erfüllt. Nicht cool, aber kühl rechnend kontern die Leute: Das Risiko als Selbständiger wird vom Markt nicht mehr honoriert. Lieber die Gleitzeitordnung eines Konzerns unterschreiben und warm im Großraumbüro sitzen als von Agenturen abhängen, die sich zwar als Qualitäts-Recruiter anpreisen, aber in der Praxis tönen: Wir können nur billig. Premium-Händler dagegen verkaufen Premium-Artikel, das ist cool.

Das war der Motivationsleitfaden in Kürze. Und fürs Management, das die Dinge gern unkompliziert bekommt, hier die ultimative Checkliste: Leistung ermöglichen, abnehmen und anerkennen. Das ist megacool.

Zwischenhändler?
Kommunikationskrüppel!

Neulich räumte ich in meinem E-Mail-Client auf. Langweilige Sache, sollte man meinen. Nicht unbedingt, fallen doch bei solch einer Aktion bestimmte Kommunikationsmuster auf, die im täglichen Geschäft leicht übersehen werden.

Auch der Spitzen-Autor muß von Zeit zu Zeit akquirieren. Manchmal direkt beim Endkunden, manchmal auch bei den diversen Recruitern. Zweck der Sache: Material für diese Kolumne zu gewinnen, vielleicht auch einen netten Projektauftrag. Der Auftrag kam nach einiger Zeit und macht mir viel Freude, vor allem jetzt in der Krise. Schau'n wir mal, ob für die Kolumne auch etwas dabei ist.

Beim Durchforsten der E-Mails fielen mir vor allem diejenigen auf, die fehlten. Typisches Muster: Anfrage von mir, maschinelle Antwort, nix. Oder: Anfrage, dann lange nix, nach vier Wochen Absage mit Standardtext.

So kann man das Geschäft betreiben. Keinem der Zwischenhändler habe ich Geld für ihre Dienste bezahlt, also habe ich auch keine Ansprüche anzumelden. Aber die sich so verhalten, preisen ihre Kompetenz in höchsten Tönen, vor allem was ihre Geschäftsprozesse betrifft: proaktiv, exzellent, zertifiziert. Au weh.

Geschäftsprozesse – da kenne ich mich aus. Das sind doch diese Dinger, heute meist IT-gestützt, die aus Schritten bestehen, bei denen was rauskommt. Schauen wir uns mal den Recruiting-Prozeß an:

1. Freelancer tut sein Interesse an einem konkreten Auftrag kund. Output: Anschreiben und Profil, falls nicht schon dreimal an denselben Recruiter verschickt. Kommt immer, sonst läuft der Prozeß nicht los.

2. Recruiter bestätigt technischen Eingang. Nützlich, aber entbehrlich, denn so oft gehen Mails nun auch nicht verloren, daß man jede bestätigen müßte.

3. Recruiter bietet dieses Profil dem Endkunden an oder nicht. Output: Mitteilung, ob angeboten oder nicht, nebst dem ausschlaggebenden Grund. Kommt fast nie. Nutzen: Anbieter kann die Sache abhaken und weitere Trails mit gutem Gewissen angehen. Vor allem: Anbieter kennt seine Position am Markt und kann sein Angebot besser fokussieren.

4. Endkunde gibt seine Präferenzen bekannt: Output: Wie oben. Kommt nie. Nutzen: Wie oben, nur noch höher, da die Meinung des Endkunden mehr zählt als die des Vermittlers – immerhin wird er den Externeneinsatz ausbaden müssen.

5. Recruiter führt Gespräche mit einigen Anbietern und dem Endkunden. Output: Eben diese Gespräche. Die kann man den Teilnehmern schlecht verheimlichen.

6. Endkunde trifft Entscheidung. Output: Wie Punkt 3. Kommt manchmal ohne ausschlaggebende Gründe, kommt fast nie mit Gründen. Nutzen: wie Punkt 4.

Prozesse ohne Output können erfolgreich sein, etwa beim Geheimdienst oder der Papstwahl. Aber wer findet so etwas exzellent? Wer hat das zertifiziert?

Mein üblicher Disclaimer: Das ist kein generelles Vermittler-Bashing. Es gibt Ausnahmen, die sich sehr professionell verhalten, meist die mit überschaubaren Strukturen. Und auch die Schweigsamen sind zu loben: sie optimieren meinen Mailkorb. Da kommt eh so viel Spam an.

Wir tragen das Kind in drei Wochen aus

Wie hat sich unser Business in den letzten Jahren – oder Jahrzehnten, kommt drauf an, wie lange man dabei ist und wie weit man zurückschaut – entwickelt? Na klar, es ist immer schneller geworden. Und immer härter.

Wißt ihr noch, wie schön es damals war, als der Willi und die Berta noch im Team waren? Die Verträge liefen über ein volles Jahr und wurden schon im Oktober verlängert. Zeitdruck? Wenn der Projektleiter mit dem Projektplan kam, haben wir ihm die Story vom Pferd erzählt, der verstand eh nix von IT. Und nach dem Mittagessen sind wir spazieren gegangen und haben geratscht.

Heute dagegen: Keine Gemütlichkeit mehr in der Arbeit. Sourcen und Dokumentationen liegen offen in der Versionsverwaltung, so daß ich keine Leiche im Keller mehr von den Kollegen verstecken kann. Ein Termin jagt den anderen. Was früher ein Jahr dauern durfte, wird jetzt in zwei Monaten erwartet – und der Vertrag auf sechs Wochen abgeschlossen. Alle paar Tage spitzelt ein Controller rein und fragt. Was kostet's? Was nützt's? Was passiert, wenn wir's nicht tun? Dann machen wir's nicht.

Daß sich das Rad der IT immer schneller dreht, ist eine Wahrheit, die kaum jemand in Frage stellt. Bei solchen Wahrheiten werde ich mißtrauisch. Gerade die einfachsten Wahrheiten verdienen Fragen: Die Gesundheitskosten sind zu hoch. (Tatsächlich? Auch im Vergleich mit den Auto- und Urlaubskosten?) Unsere Gesellschaft kennt keine Werte mehr. (Ach? Wann zuvor wurde so viel für Menschenleben, Menschenrechte und Frieden getan?)

Das Gespenst extrem verkürzter Entwicklungszeiten wird schon lange beschworen, nach dem Motto: Jetzt ist Schluß mit lustig. Das Management diktiert Termine im Wochenrhythmus und duldet keine Ausreden mehr. Die HypeSonic hat's vorgemacht. Die haben ihr Geschäft auf integrierte Lieferketten mit Unterstützung mobiler Endgeräte umgestellt. In zwei Monaten.

Das Gespenst ist mir noch nie in Person begegnet. Es läßt sich offenbar lieber beschwören als live blicken. Zugegeben, einige rein technische Aufgaben können wir heute viel schneller erledigen als früher, und das wird von uns auch verlangt. Im Host-Zeitalter durfte ich noch Datumsroutinen schreiben – in jedem Projekt aufs neue! War das spaßig? In meiner Erinnerung ein zweifelhafter Spaß.

Die wirklich zeitraubenden Sachen jedoch, so will mir scheinen, entziehen sich dem technischen Fortschritt. Nachdenken über die einzig richtige Lösung. Auswählen zwischen den drei einzig richtigen Lösungen, die sich nur leider widersprechen. Herausfinden, daß Lösung 4 zwar nicht einzig richtig ist, aber immerhin noch besser als die drei anderen. Besänftigen aller Gemüter, die Lösung 5 bis 500 bevorzugt hätten.

So kommt es, daß man zwar heute in zwei Monaten mehr Software schreiben kann als früher in zwei Jahren. Da man aber heute wie früher die meiste Zeit nicht Software schreibt, sondern Problemlösung betreibt, sind die Projekte insgesamt nicht schneller und härter geworden. Nur mal so unter uns. Ich sag's nicht weiter, das würde ja den Mythos der Branche beschädigen.

Was die HypeSonic in den zwei Monaten wirklich gemacht hat – keine Ahnung. Vermutlich haben die nur die Installationszeit gerechnet und die Lösungsfindung nebst Sackgassen unterschlagen. Gut für den Mythos. In meinen Projekten jedenfalls ist das Denken meist noch erlaubt. Und der Ratsch beim Spaziergang nach dem Mittagessen ist nützlicher als eine Stunde Meeting mit Powerpoint.

Als Kunden sind wir doch egal

Es hat sich inzwischen herumgesprochen, daß sich der Freelancer um alle Bereiche seines Unternehmens kümmern muß. Produktion, Marketing, Vertrieb, Finanzen und Beschaffung.

Wie bitte? Beschaffung? Über die liest man wenig. Was beschaffen wir schon? Telefon, Internet, alle paar Jahre einen Rechner. Das ist alles billig, also wenig Grund, sich um die eigene Einkaufsstrategie zu sorgen.

Bis auf eine Ausnahme, die manche von uns trifft, zumindest zeitweise. Wie war das doch nochmal? Da sollte der Hamburger einen Preis nennen für Frankfurt, all-in. Dann ging die Rechnerei los: Fliegen, Bahn oder Auto fahren? Hotel in der Stadt oder am Autobahnkreuz?

Vor gut zehn Jahren flog ich noch Business Class. Für die Jüngeren unter uns: Das war keine Angeberei, sondern bot mir etliche Vorteile. Kurzfristig nach Wünschen meines Kunden anreisen können. Freitag nachmittag in der Besprechung nicht auf Kohlen sitzen, weil mich die Spätmaschine notfalls auch noch mitnimmt. Und dann in der Kabine unter Gleichgesinnten sitzen, Ruhe haben, entspannen oder gleich das Protokoll der Besprechung skizzieren können.

Das kostete Düsseldorf-München und zurück unter 250 Euro, war also bei gut bezahlter Projektarbeit erschwinglich. Doch dann merkten die Airlines, daß ab und zu ein Platz frei blieb. So etwas darf nicht passieren, dachten sie, senkten die Preise in der Holzklasse ein bißchen und steigerten, damit noch Profit übrigbleibt, die Business-Preise um das Fünffache. Mit dem Resultat, daß die Mühlen tatsächlich voll sind mit Billigzahlern, niemand mehr gerne regelmäßig fliegt und jede Woche eine andere Airline pleite geht. Eine perfekte lose-lose-Strategie.

Vor ein paar Jahren versuchte die Bahn dieses Modell zu kopieren. Glücklicherweise wurde sie auf halbem Wege von ihren Kunden, die mit der EC-Karte abstimmten, zurückgehalten. Immerhin hat die Bahn den Wünschen ihrer Kunden teilweise nachgegeben – keine Selbstverständlichkeit bei einem Großkonzern. Aber ein Zeichen, daß Abstimmungen mit der EC-Karte durchaus etwas bewirken können.

Ach, und die Hotels. Vorbei sind die Zeiten, als man in einer Großstadt ein Zimmer, in dem auch nach mehreren Wochen keine Klaustrophobie aufkam, noch für einen IT-Freelancer-Stundensatz pro Nacht bekam. Heute sind eher zwei Stundensätze fällig. Steigende Personalkosten, natürlich. Für die Heerscharen unbedarfter Azubis an den Rezeptionen und in den Frühstücksräumen der großen Kettenhotels? Für die Zimmermädchen, deren Arbeitsbedingungen selbst in Nobelschuppen Polizei und Staatsanwalt auf den Plan rufen?

Und wenn dann eine große Messe stattfindet, interessiert sich keine Sau mehr für den Kunden, der in den Schulferien schön zuverlässig ein Zimmer belegt hat. Stammkunde? Diese Funktion kennt der Buchungscomputer nicht.

Ich fand vor einiger Zeit anstatt des bisher genutzten Kettenhotels ein kleines privat geführtes Haus im Grünen, etwas einfacher ausgestattet. Nach zwei Tagen wußte man dort, daß ich auf das Wurstbrot keine Gurke möchte. Und als ich einmal zu Messezeiten kurzfristig ein Zimmer brauchte, war das möglich. Überrascht fragte ich den Besitzer, wie er das anstelle. Seine Erklärung: Er hält bei Messen ein paar Zimmer für Stammgäste frei. Wenn die kommen, sind sie zufrieden. Wenn nicht, kann er das Zimmer immer noch kurzfristig belegen. Gute Idee. Da fragt man sich nur: Warum kommt in den Großkonzernen keiner auf diesen Gedanken? Und warum gibt es nicht mehr Kunden, auch Freelancer, die mit der EC-Karte abstimmen?

IT kann doch jeder Laie

Die Gesetzteren unter uns dürften sich noch daran erinnern, mit welch mitleidigem Schmunzeln Franz Beckenbauer Mitte der achtziger Jahre als Nationaltrainer aufgenommen wurde. Der? Ohne Trainerschein? Dafür mit „Schau'n mer mal"?

Wenige Jahre darauf waren „wir" Weltmeister und nicht mehr mitleidig. In der Folge schieden wir mehrmals im Viertelfinale aus. Immer noch eine gute Leistung, auch des Trainers. Ein wesentlicher Unterschied zu Beckenbauers Amtszeit ist mir damals jedoch aufgefallen. Während des Turniers, ja sogar an den Spieltagen, mischten sich deutsche Sportfunktionäre in die Entscheidungen des Trainers ein, und das sogar öffentlich.

Derartiges hörte man bei Beckenbauer nicht. Das halte ich für sein wichtigstes Talent: seinem Team den Rücken freizuhalten gegenüber unglaublich wichtigen, aber spielerisch unbedarften Leuten. Sicherlich keine leichte Aufgabe, zumal jedermann, vor allem jeder Mann, eine natürliche Begabung zum Fußballtrainer verspürt und Woche für Woche genau weiß, was die oder jene Lusche wieder falsch gemacht hat und welche Ansage in der Halbzeitpause angebracht gewesen wäre.

In der IT beobachte ich diesen Effekt mancherorts auch. Zwar betonen IT-Laien gerne, wie fremd und abstrakt ihnen das Ganze vorkommt. Mitentscheiden möchten sie aber schon, denn so kompliziert ist die Materie nun auch wieder nicht. Schließlich macht ja jeder ein bißchen IT, Homebanking zum Beispiel und Kindersitze online verkaufen. Die dabei gewonnenen Erfahrungen reichen locker aus, um in IT-Projekten ein entscheidendes Wörtchen mitzureden.

So durfte ich vor einigen Jahren erleben, wie alle wichtigen Leute in der Firma, vom Chefbuchhalter bis zum Leiter Marketing, die Integration einer Landschaft von Standardsoftware betrieben. Dieses Feld mußte ganz bestimmt von System A nach F fließen, jener Datensatz jedoch nicht von C nach B. Ist doch alles ganz einfach.

Das Unternehmen entstammte der Telekom-Branche. Dort liebt man Standardsoftware. Deren Integration liebt man auch, vor allem ad-hoc ohne Plan. Wenn Sie also bei der nächsten Störung vom Kundenbetreuer die eine Auskunft bekommen, von der Technik eine ganz andere, und das Billing nie davon gehört hat, wissen Sie, warum: Weil Ihr Datensatz noch nicht von C nach B übermittelt wurde, stattdessen wurde von A die ganze Datei überklatscht.

Einige Zeit darauf durfte ich erleben, wie ein tüchtiger Vertriebschef vor einem Projektteam stand und lauthals kundtat, welche Projektergebnisse er zur Abstimmung erwartete, nämlich nur Bildschirmmasken. (Ein richtiges Projektteam wie im Lehrbuch gab es gar nicht. Welcher Vorteil, das Lehrbuch gar nicht zu kennen, man spart sich dabei jede Menge Umstände.) Der für Software verantwortliche Geschäftsführer saß schweigend dabei. So funktioniert Kundenorientierung in der Praxis: Dem Laien ja nicht dreinreden, sonst verliert er die Lust und spielt nicht mehr mit. Der Profi hat diese bequeme Möglichkeit nicht.

Verweichlichte Gemüter würden sich grämen, über den Triumph der Ahnungslosigkeit oder über den wirtschaftlichen Schaden durch Fehlentscheidungen. Aber wieso? In jedem Misthaufen steckt auch eine Chance, man muß sie nur erkennen. Wer sagt denn, daß auch wir nur Sachen tun dürfen, die wir solide gelernt haben? Jeder ist Laie, fast überall. Also, Informatiker, auf in die Finanzplanung und das Personalmanagement!

Nebenbei lösen wir damit auch das Bildungsproblem, denn wenn es nicht mehr darauf ankommt, was jemand gelernt hat, haben wir wieder Chancengleichheit. Und das ohne einen Cent Staatsausgaben.

So züchtet man Monopolisten

Vor längerer Zeit, bis vor etwa 20 Jahren, gab es einen Monopolisten, nennen wir ihn MoMBI. Die IT-Chefs, die damals meist noch EDV-Leiter hießen, stöhnten, weil sie ihm regelmäßig neue Versionen seiner Hard- und Software zu gesalzenen Preisen abkaufen mußten. Sie versuchten sogar, MoMBI gerichtlich zerschlagen zu lassen. Vergeblich.

MoMBI hatte seine Kunden fest im Griff. Dabei verfügte es über keine Waffen, keine Gesetzgebung. Alle stöhnenden EDV-Leiter hatten sich frei dafür entschieden, hauptsächlich weil alle anderen sich auch so entschieden hatten. Sie wußten: Noch nie ist jemandem gekündigt worden, weil er bei MoMBI gekauft hat.

Dann kam der PC. MoMBI spielte hier auch anfangs eine wichtige Rolle, nahm das Ganze jedoch nicht richtig ernst. Nach wenigen Jahren war es vorbei mit dem Monopol, MoMBI machte Milliardenverluste und war ernsthaft in Gefahr der Vollpleite, damals noch eine Sensation.

Nun also waren die IT-Leiter und Privatkunden frei, zu kaufen, bei wem sie wollten. Es gab dutzende Hersteller für Hardware und unzählige für Software. Einen davon fanden die Kunden besonders schnuckelig, nennen wir ihn MoMS. Der hatte einstmals MoMBI ein Schnippchen geschlagen und war schon deshalb sympathisch. Sein Name suggerierte, daß MoMS klein und weich, also ganz ungefährlich sei. Also beschlossen die IT-Leiter und Privatkunden, MoMS zum nächsten Monopolisten zu machen.

Höre ich da Protest? So einen Beschluß, haben Sie, lieber Leser, nie gefaßt? Vielleicht doch, denn auch MoMS hatte keine Waffen und Gesetze und konnte nur durch millionenfache Kundenentscheidung seine Position erreichen, über die genau diese Kunden jetzt stöhnen.

Soweit kennt jeder die Geschichte. Der Rest ist Spekulation. Da gibt es ein schnuckeliges Unternehmen, das die Leute viel mehr mögen als MoMS. Lange Jahre kämpfte es gegen das Monopol an, ohne Erfolg. Dabei hatte es hübsches Design, einen coolen Freak an der Spitze und jede

Menge tolle Ideen, etwa Rechnergehäuse weiß zu lackieren anstatt schwarz wie die anderen.

Wurde MoMS hauptsächlich durch Büroanwendungen berühmt, kümmert sich der neue Stern am Himmel um Sachen, die Fun machen: Musik, Handys und Lifestyle. Alles hübsch angestrichen und mit, so versichern die Fans, guter Usability. Daß sie dafür auch mal gern den doppelten Preis zahlen wie für die schwarz lackierte Konkurrenz, ist doch klar. Auch ergraute Manager, bisher stramme MoMS-Fans, nutzen die Gelegenheit, zu zeigen, daß sie im Herzen jung geblieben sind.

Der Neue ist, wie gesagt, für seinen Erfindungsgeist bekannt. Tatsächlich hat er etwas erfunden, was es in der IT zuvor noch nicht gab. MoMS etwa konzentriert sich auf Software und schreibt niemandem vor, welche Hardware zu kaufen und welche sonstige Software auf ihr zu betreiben ist. Selbst MoMBI hinderte niemanden daran, eigene Software auf MoMBIs Hardware zu betreiben oder umgekehrt.

Das soll nun anders werden. Auf den schicken neuen Telefonen läuft nur Software, die Gnade vor dem Telefonhersteller gefunden hat und in seinem Shop erhältlich ist. Das gleiche gilt für den neuen sexy Tablet-PC. Was da so still und heimlich daherkommt und vom Kunden angesichts der coolen Gehäuse gar nicht beachtet wird, ist in Wahrheit eine Revolution. Haben wir seit Zuse und von Neumann daran gearbeitet, Rechner zu machen, auf denen jedes Programm lauffähig ist, geht der Zug jetzt in die andere Richtung. Der Hersteller ist nicht mehr damit zufrieden, die Kiste teuer verkauft zu haben, sondern will auch lebenslang bestimmen, wozu wir sie benutzen.

Dieser coole schnuckelige Hersteller hat kürzlich nahe dem Münchner Marienplatz ein Geschäft eröffnet. Zwei Etagen in Bestlage, wo sich die Händler der schwarzen Kisten nie die Miete leisten könnten. Die Miete kommt wieder mal von uns, den Konsumenten. Füttern wir da den nächsten Monopolisten, der uns in sein Hard-Software-Gefängnis mit weiß lackierter Fassade locken will? Ich tippe darauf: Der nächste Monopolist heißt Mopple.

Da ist meine Vorhersage mal gründlich schiefgegangen. Offenbar ist der Herdentrieb der Business-IT-Verantwortlichen stärker als die Schwarmintelligenz der Konsumenten, an die sich Mopple vorwiegend wendet.

Globalisierung schafft Arbeitsplätze

Globalisierung finde ich toll. Globalisierung? Ist das nicht dieses Ding, das unsere Jobs unsicher und uns arm macht? Ja, genau diese Globalisierung meine ich.

Fangen wir mit einem kurzen Abriß der Zeitgeschichte an. Wer hat die Globalisierung gemacht? Herr Ackermann? Die Regierung von Taiwan? Nee, wir. Sie und ich.

Los ging es mit erschwinglichen Kameras. Dann Autos. Dann CD-Player, Computer, Flachbildschirme. Das meiste davon wurde ganz unglobal hier erfunden und produziert – für die Reichen. Die Idee aufnehmen und in Produkte für Sie und mich umsetzen – das war die Leistung der Globa... – ach übrigens: Jeder ist global, fast überall.

Als Konsumenten haben wir uns schon lange für Globalisierung entschieden. Als wir noch die Wahl hatten: Haben wir deutsche Fotoapparate gekauft und amerikanische Computer in soliden Metallgehäusen? Wie die bösen Controller haben wir gehandelt: Blick aufs Preisschild, alles klar, Ware aus Fernost.

Probleme mit den globalen Märkten entdecken wir erst, wenn wir selber als Anbieter auftreten. Dann fürchten wir uns vor ihnen. Müssen wir uns fürchten?

Seit einiger Zeit, genauer seit Beginn der aktuellen Wirtschaftskrise, schreibe ich Spezifikationen für ein Softwareprodukt. Spezifikationen? Wer macht denn noch so was? Arbeiten wir nicht agil: Vormittags dem Anwender auf dem Schoß sitzen, nachmittags seine Wünsche umsetzen, nachts seinen Feedback einarbeiten?

Vorne, wo die Requirements eingekippt werden, geht es bei uns tatsächlich ganz schön agil zu. Nicht im strengen Sinne, hat doch das moderne Management den Begriff „agil" zu seinen eigenen Zwecken zu formen vermocht: Heute dieses wünschen, morgen jenes, ständig die Prioritäten ändern.

Nach hinten jedoch rauscht ein klassischer Wasserfall. Die Programmierung geschieht nämlich in Pontevedrina, komplett offshore, enorm kostensparend. Deshalb muß jede Funktion minutiös beschrieben werden, bis ins triviale Detail. „Das ist doch selbstverständlich" gilt nicht – denn auf die Entfernung und ohne persönliche Präsenz kann jede Selbstverständlichkeit mißverstanden werden. Noch nie zuvor hatte ich das Bedürfnis, das simple Kopieren von Anwendungsobjekten seitenweise zu beschreiben, jetzt ist das an der Tagesordnung.

Später – viel später – wird die Software zum Test bereitgestellt. Da rauscht es noch stärker. Einen Trivialfehler erkennen und rasch beheben? Nicht vor einer länglichen Diskussion per Jira, Chat und Telefon, ob das gewünschte Verhalten aus den Spezifikationen eindeutig hervorging. Dieses Verfahren muß für sich genommen nicht schlecht sein, entstehen dabei doch zwangsweise die anderswo schmerzlich vermißten ausführlichen Dokumentationen.

Ist das wirtschaftlich sinnvoll? Ja, im Sinne der Einkäufer. Der Satz je Entwicklerstunde ist konkurrenzlos niedrig. Nein, bei einer Gesamtschau, denn das, was hinten eingespart wird, ist vorne an Mehraufwand und zäher Abwicklung kompensiert worden. Ja, im Sinn der hier arbeitenden Informatiker, denn ihre Jobs sind sicher. Und nebenbei erweitern sie ihren kulturellen Horizont.